教養の教育学

森川輝紀

三元社

教養の教育学　目次

序論

教育という営みは、人間の形成、種としての人類の存在にかかわる本質的な営みといえる。人間が生物学的存在である以上、その種の存続、したがって個の形成は何よりも本質的課題である。生きること、すぐれた子孫を生み育てること、そして人間と人間が構成する社会、人間が社会的存在である以上、その社会を構成し存続させる営みの核心を教育と呼ぶことができる。したがって、教育とは地域・歴史・文化を超えて、自己の形成と変容、善き次世代の育成のため、その時代その社会の最高の「智恵」を結集した行為といえる。

逆に言えば、人間が存在し人間の社会が存続していること自体が、教育の結果であることになる。人間の存在する環境それ自体が、人々の日々の生活と労働が、人間形成を可能にしている。したがって、人々の生活・労働の単位となる社会＝共同体（イエ・ムラ…）の暮らしが教育そのものであり、共同体のメンバーの再生産という目的にむけてのゆるやかな人間の形成、つまり教育的営為は、日々の暮らしの中に埋め込まれておこなわれることになる。それ故に、生活・労働の中での人間形成である限り、その経験の累積による智恵が、いわば教育ということになる。

生活との乖離と科学の発達

しかし、人間の生活空間が拡大し、経済の発展（商品経済）にともない、旧来の共同体を超えた空間・時間で人間は生きていくことになる。そのためには、文字メディアが不可欠となり、その獲得のため日常性から離れた教育空間が形成されるようになる。神の意志として認識された自然、人間存在も、一七世紀以後、実験・観察という科学的方法の発達にともない、それぞれに固有のメカニズムのあることが明らかになっていく。人間の発達、認識のメカニズムも科学的に研究されるようになる。それにともなって、思弁的（観念的）、経験的な教育のあり方は「科学的」教育として問い直されていくことになる。

近代国民国家と「教育学」

概略的にいえば一七～一八世紀において、西洋を中心に、神を中心にした中世的世界から、人間の平等・自由を価値とする近代社会に転じていく。その近代社会（それを構成する市民）は、近代国家=国民国家（国家の構成員としての国民）へと展開していくことになる。自由と平等を価値とする近代社会に対応して、市民という近代的概念が確立し、それを形成する教育の価値は重要性を増すことになる。生活・労働の共同体的生活から直接的に、自由・平等の価値を持つ市民の形成は不可能であり、意図的、作為的な教育という働きによって可能となる。

やがて、近代社会が近代国民国家として、国境を持ち国家という単位を確立することにともない、その構成員たる国民の形成、つまり共通の言語・文化を持つべきとされる国民の形成のため、教育は一段と重要性を増すことになる。国家の構成員たる人々を国民とするためには、旧来の共同体の経験、あるいは個人教授というシステムでは不可能となる。国民の形成という国家的課題に応じるため「教育学」という学問が成立することになる。つまり、国民という人間形成にかかわる体系的教育とは何かが問われることになる。そこに近代における「教育学」の成立をみることができる。

規範的教育学と科学的教育学

その学問成立の背景にも規定され、教育学は、規範——理想的人間像——の確立形成にかかわる実践的な性格を持つことになる。いかなる人間を理想とするのか、教育目的にかかわる学問として成立する。と同時に、国民全体を対象にした合理的、効率的な教育をめざす科学的な教育学としての性格をも期待されることになる。つまり、理論と実証の明示的関係がきわめて困難な学問として、固有性を持つことになる。たとえば、物理学では素粒子論という理論研究で明らかにされる仮説（中間子、ヒッグス粒子）、それが実験によって実証されることによって、物理的事実として確立していくことになる。しかし、教育学における理論（規範—教育目標）と実証（科学性）は、こうした明示的関係を有することは困難である。

まず、理論（規範—理想的人間）は価値的であり、数理的に説明できない。科学的実証にあっても物理実験のように、条件を完全にコントロールできない。人間を対象にした時間の経過をともなう教育の成果（結果）は、あくまで、その集団、個人にかかわる実証であって、ここから導き出される法則が一般化されることはない（少なくとも困難である）。

近代が国民教育の時代であるとき、一つの目標（人間像）に向けての教育的営為の体系化としての教育学が成立する。にもかかわらず、教育がその目標を達成しえたか否かは測りがたい。

近代教育思想の古典とされる『エミール』（一七六二）で、ルソー（一七一二—七八）は教育的営為の根本的な困難さを提示している。彼は、不確実な未来のために輝かしい子ども時代を犠牲にする野蛮な教育を徹底的に批判する。変わることのない未来、今がそのまま継続する未来を前提に、特定の身分・職業に対応する注入的教育を否定し、子ども自体に即した新しい教育のあり方を主張する。彼が目標としたのは、アイスランドの氷の上でも、マルタ島の熱い岩の上でも人間らしく生きていくことのできる人間の形成であった。未来は不確定であり、それは人間自体が創造してゆくことであるがゆえに、人間らしく生きる人間を目標としたのであった。もちろん彼が、理性的人間は必要性に根ざす経験を重ねることによって、自由、平等を価値とする未来社会を形成していくことが可能だとしていたことはいうまでもない。しかし、その未来像も彼の仮説であり、それ故にその目標に向けて教え込む教育を認めた訳ではない。あくまで、人間の主体的判断に期待することになる。そこに教えない、ルソーの消極教育論の意味を見い出すことができる。

しかし、近代が国民国家の時代、国民教育の時代となる時、未来を不確定なものとして、人間の主体的判断にゆだねる人間の形成という教育（学）は、国民の形成という制約を受けることになる。国家が予定する未来と理想的人間、それを求める限り注入的教育とならざるをえなく、それは子ども・人間を主体とする教育＝消極教育と矛盾することになる。近代の教育学は、ルソーの提示した「未来の不確定性」を生きる人間の形成というアポリアを徹底することはなかったといえる。近代にあってそのアポリアを解消しうるものとして「科学」が援用されることになる。しかし社会科学は人間の生きる世界の未来を確定しうるのだろうか。ある予測はたてることはできようが、確定しえることはない。唯物史観の弁証法によって「科学的真理」とされた歴史の発展段階説（資本主義―社会主義―共産主義）は一九九一年のソビエト連邦の消滅によって現実の夢想でしかなかったことが明白になる。不確実な未来を生きる人間の形成という教育的営為（教育学）は、何に根拠を求めることができるのであろうか。近代の教育思想（学）は、その課題にいかに対してきたのであろうか。

教育の素人談義

さらに「教育学」が内包せざるをえない困難性が存在する。人間が人間として存在している限り、教育的プロセスを経て存在しているわけで、その体験・経験にもとづいて、誰しもが言葉を獲得すれば、教育について語ることができる。物理学ならば、専門的概念・知識を積み重ねなければ、発言することは難しい。しかし、教育問題については、「教育学」という専門的知識がなくとも、自らの経験にもとづき発言することができる。オカミさん達の井戸端会議でも、オジさん達の居酒屋談義でも、教育（問題）については十分に語り合える。その限り教育問題は語るに易しく、逆に何が事実・真実であるのかが問われることなく、経験談に終わってしまうことになりがちとなる。

〝私はこう考える〟〝私はこう思う〟と発言できる。しかし、何が正解なのか問われることもあるいはそれを求めるための手続き（方法）が共有されることもない。「教育学」という学問は本来的には、そうした手続き（方法）を明示するものでなければならない。その方法が共有されることによって、一つの事実に迫ることが可能になる。しかし、先に指摘したように、「教育学」という学問は、理論（規範・仮説）と実証（不完全な科学的実験という限界）の関係性の不成立の故に、共通の方法を提示することは難しい。

教育的通念への挑戦

では、「教育学」を学ぶとは何なのか？　未来が不確実であれば、当然目標も不確実なもの、一つの仮定にしかならない。あるいは、目標はそれ故に時間・空間の移動にともなう人間の経験を介して変動していくことになる。したがって、規範的教育学はそもそも成立しえなくなる。もちろん普遍的価値（抽象的価値）としては表現できる。しかし、たとえば「自由」の価値を普遍としても、「人権」の価値を普遍として認めて、何をもって個々の人間は「自由」と「人権」の概念を共通のものとして理解しえるのだろうか。それぞれが未来を予測した時に具体的内容を持つことになる。とすればそれは個性的、個別的な理解にすぎない。「科学」と「規範」によって目標を確定しえないとすれば、何に根拠をおいて人間の形成は可能になるのか。

改めて、価値的に、哲学的に教育的営為にかかわる行為、現象の意味を問い返す処からはじめざるをえないことになる。なぜなら、我々は日々の生活という事実において生きているのであり、目標を仮定して暮らしている。日常の累積のなかで習慣化し、通説化している言説の意味を問い直す処から始めるしかないといえる。

「教育学」という日常性、個別的経験に即した学問は、日常性、個別的経験に徹底的にこだわり、相互にあいまいに了解したつもりになっている通念を疑うこと、通念の意味を追求し続けることにあると思う。日常が歴史・文化・政治・経済の融合として存在する以上、人為として構成されている現実、教育的事実を問い直す視点も多様性を持つことになる。

私の場合は、主として歴史的、文化史的視点から時間軸をずらすことによって、現実の教育事象を問い直し、相対化し、その変化の意味から未来を構想したい。そんな風に「教育学」をとらえている。したがって本書では、歴史的視点から、過去からの照射によって「教育的通念」を問い直していきたい。それは、同時に、空間的な拡がりの中に日本の教育を置いてみることにもなる。人間形成の営み、個の形成と変容、次世代の育成という課題は、人間の本質的属性であるが、その方法の展開は、その人間の存在する空間の持つ自然性、文化性によって個別的になされることになる。したがって、西洋世界との比較の視点は、また、一段と「日本の教育的通念」の相対化をうながすことにもなる。

教養科目の「教育学」と教職科目の「教育学」

もう半世紀も前の話になるが、私は教員になるために当時の東京教育大学教育学部教育科（現・筑波大学）に進学した。教育学とは、教職につくための科目、学問だと理解していた。ところが、入学時のガイダンスで、ここは教育学という学問をする処であって、教員養成の学問をする処ではないときかされた。常識的には、教育学は教職につくための教職科目と解されがちである。近代の国民国家に対応した国民の形成、そのための国民教育制度（中心は義務教育）の確立。義務教育制度に対応した教員の養成という課題に対応して、教育学は一般化していくことになる。そうした歴史的経過からも教育学を教職のための科目と解することは、必ずしも誤りとはいえない。哲学の一領域であった教育学は、師範学校（教員養成の学校）で国民を形成する教育学、その中心は教授学として普及していくことになる。国民の形成という課題に対応した実学としての性格を濃厚に持つことになる。

他方、哲学の一領域として探求されてきた教育学は、国民教育という枠組みにとらわれることなく、西洋の「教育学」理論の受容につとめ、普遍的（抽象的）な教育的価値を追求することになる。それ故に、日常を生きる人間の教育の役にたたない、教養としての学問として批判されることになる。

現代にあっても、教員養成において「実践的指導力」の形成が中心的課題とされている。実践的指導力とは何かの議論は、ここでは取り上げない。ただ、それは、現実の課題（現象）に直接的に対応できる力と一般的には理解されている。しかし、逆にはこうもいえる。ある事象に対応できるハウツー（方法）は、事象が変化すれば色あせることになる。教育が人間形成にかかわる営為である限り、それは他者への働きかけを意味しており実践でなければならない。この場合、指導力とは何かが問題となる。目標を固定したハウツー的能力を指導力とするならば、問題の解決はそれほど難しくないであろう。しかし教育的事象・実践は変化の連続であり、一つの実践は新しい課題を生みだしていくことになる。つまり、指導力とは実践が必然的に生みだす新たな課題に対して対応しうる能力といえよう。連続する変化に本質的に対応する力を「実践的指導力」と呼ぶことができる。教育とは実践であり、実践は教育者（教師）の意図とはズレた結果を子どもたちに生じさせる。そのズレを固定した目標に無理に引き寄せることではなく、目標をも相対化しつつその新たな課題に対応することが求められる。

したがって、現代における実践の生みだした教育的課題の考察のために、歴史的視点から教育の変容を、つまりは過去における実践が生みだした課題に対していかに人々は対応してきたのかを理解する力をつけることは意味を持つことになる。教育史とは実践が生みだした課題（問題）解決の歴史であり、そこに不確実な未来を生きる人間形成にかかわる智恵＝方法を見い出すことができるかもしれないからである。つまり、「役に立たない」教養としての「教育学」が求められることにもなる。

教育問題の解決のために――専門家と普通の人々

物事を解決するためには、一般には二つの方法が考えられる。一つは、その問題についての専門家が判断する（①）。二つは、普通の人（当事者全員）が意見を出しあい、もっとも多くの人が納得する結論を得ることである（②）。

①の場合、では教育の専門家とは、教職（員）の専門性とは何か。教育が日常性にともなう営みであるだけに、普通の人々の意見を納得させるだけの専門性とは何か、その社会的合意はきわめて形成することが困難である。

そもそもprofessionとは、「神の意志」を人々に公言（伝達）する（profess）特別な存在であることに語源は求められる。つまり、日常性から離脱し、普通の人から見えない見えにくい世界を読み解く処に専門性の根拠は求められてきた。やがて制度としての大学・教会での資格の獲得によって、その専門性は担保されることになり、医師・法律家・大学教授・聖職者は高い威信を確立することになる。かつ、その権威の維持のためギルド（同業者組合）がメンバーを限定することによって機能することになる。日本にあっては大学、ギルドによることなく、専門職性は、多くの人々の支持によって担保されていた。つまり、医師・学者はその名声によって人が集まり、それが権威を生み出していくことになる。

しかし、近代国家は多数の多種の専門職セクターを持つことになる。とりわけ国民教育に対応して大量の教員を養成しなければならない。それでも師範学校卒という学歴の相対的な高さによって、近代における教職の専門性＝権威は維持されてきた。しかし、現代の高学歴化の進行にともなって、大学卒での教員養成は、学歴による優位性を示すことができなくなっている。また、教育職員免許法による資格取得も、それ程困難なプロセスを求められてはいない。多くの学生が教員免許を獲得している。

つまり、現代社会において教員の専門性は、学歴と資格獲得によって社会的あるいは外形的に認められることはない。専門性の内実は、感情的議論や誤った認識を排して、「教育の論理」にしたがって判断しうる能力を持つことであろう。「教育の論理」にもとづく正義の確立をめざす能力を有することが、教育の専門家といえよう。では、「教育の論理」とは？　それを探求し続ける知識・技能・能力が専門性の内実を構成することになる。その一つの表現が、省察的実践家としての教員像である。実践―省察―開発モデルの循環において、「教育の論理」を深化、拡充する一つのモデルが提示されている。

その省察モデルは、教員相互の討議の場において展開されることになるが故に、教員間の同僚性の形成が課題となる。その同僚性を基盤にして学校教育空間の再構成が可能になる。教職の専門性はその実践性に依拠するが故に、同僚性の形成と教育空間を「教育の論理」探求の場にしていくことになる。

しかし同僚性は、また専門家集団の自己規定によって、他者の普通の人からの批判を排除する機能を持つことでもある。逆に普通の人の声を背景にした政策によって、専門家の知見が充分に生かされない事態を生じることもある。専門家の判断と普通の人のズレという課題にどう対応するのかが問われることになる。

②の普通の人による、当事者全員の討議による多数の人の納得という方法は、どうであろうか。多くの人の納得する結論＝多数決が、必ずしも正義の実現に一致するとは限らない。誤った認識、一時的な感情、強烈なリーダーシップの影響によって、誤った判断を導き出すことにもなる。

そこから導き出される方法は、専門家と普通の人との協同である。日本における戦後のアメリカモデルの教育委員会制度の導入は、中央集権的教育行政を排した教育の自治をめざしたものであった。そこでは住民代表と教育専門家（教育長）が、協同で地域の教育行政に責任を負うことになる。住民代表たる素人（layman）と専門家の協同に、教育問題の解決の方法を求めたものであった。しかし、現実は以後の文部行政の中央集権化にともない、行政官たる教育長が実質的な権限を握り、住民の参加は充分に機能しなくなる。

現在、学校の運営にかかわって地域代表の参加する学校評議会が設けられるようになっている。これも普通の人と専門家の協同という新たな試みの一つといえる。こうした試みが有効性を持つには、官僚制的上下関係を排除し、普通の人と専門家が、「教育の論理」という共通の土俵に立つことである。教養としての「教育学」は、そうした共通の土俵の形成にかかわる学問だといえる。なぜなら、専門家のみならず全ての人びとが次世代のあるいは自己の形成にかかわることになるのだから。

教養としての「教育学」の基盤の上に、教員たるべき専門家としての「教育の論理」に即した知識・技能・方法論を学ぶのが、教職教養としての「教育学」であるといえる。そこでは、省察的実践家としての「教育の論理」の探求が課題となる。「教育の論理」の探求は、如何にして可能となるのか。実践―省察―開発モデルという方式は、何に根拠をおくことになるのであろうか。教育哲学の上田薫の教師の専門性論をみてみよう。上田は「指導することによって自己変革をおこすことのできぬ教師はしろうとだ。自己変革の鋭さが、教師の専門職である度合をきめる」という。その自己変革の力とは問題解決によっておのずから働いてくるものである。「おや、こんなはずではなかった」「あの子がこんなふうになるとは」という驚きをごくすなおにもてば、教師はもうしぜんに変革されていくのであるとのべる（『人間のための教育』国土新書、一九七五）。子どもとの関係において、つねに驚き発見し、新たな展開へと開いていく自己変革の力量こそが教師の専門性だという。

上田は教育の論理（条理）は未来性にあるという。未来は予測することはできるが、絶対化しえないし、また一つの目標が単独で存在することはなく目標の連関の中で相対化されざるをえないという。教育という営為を不完全な人間（教師）が不完全な子どもにかかわることと定義する。教育する側が絶対的立場に立って子どもに「正しさ」を与える（注入する）ことではない、にもかかわらず「普通の人々」（そして教師も）は普遍的な価値・絶対性に依拠して、注入が可能になるとアバウトにかんがえがちであることを批判する。普遍的（抽象的）価値と具体的場面＝問題解決とのズレにこそ実在を見ることのできる点に教育学と教職の専門性の根拠を求めている。

付論：道徳教育について――主体的判断力の育成

道徳とは、「ある社会での善悪を判断する基準について承認（社会的合意）されている規範の総体」（『広辞苑』岩波書店）ということになる。それはしかも、法律など外的な強制力によることなく、内面の原理に従うという特質を持っている。

道徳教育とは、社会的合意とされる善悪に関する基準としての規範を「教育」することになる。それ故、道徳教育は原理的に矛盾した営みということになる。なぜなら、道徳は外的な力によって強制されるのではなく、個人の内面の原理に従うものであり、内面の原理に従うことを外から「教える」ことは、矛盾した行為といえる。しかも、道徳が、ある社会の社会的合意としての善悪に関する基準の体系であるならば、それは、相対性を内実とすることになる。したがって、多数を根拠とする道徳は、常に善たる価値を意味することはない。

とすれば、道徳を教育するとは、善悪の基準たる規範＝徳目を教えこむことではない。徳目を学ぶことは、また、その社会の定める道徳的規範を相対化する、批判することも含むことでなければならない。

それ故に、道徳教育は①社会的合意としての規範を学ぶ（知る）とともに、②それを相対化する批判的判断力をも認めるものでなければならない。つまりは、徳目は、なぜ社会的規範なりうるかを理解することが求められる。したがって、道徳教育は道徳的感情にもとづくことなく、ソクラテス（前四六九頃―三九九）のいう「道徳とは知識である」の命題に立ち返らねばならない。その徳目を理解するとは、合理的に理解し説明できることである。福澤諭吉（一八三五―一九〇一）がいう「聡明叡智の働き」にもとづかねばならない。聡明たる知性、合理的認識力と叡智たる生活経験に根ざした知恵の上に、道徳的認識力は構成されることになる。柳田國男（一八七五―一九六二）も日本の前近代社会の俚諺《りげん》（ことわざ）は、本来は生活経験にもとづく知識の伝承として創られたもので、決して、本来的に教訓（徳目）的なものではなかったと指摘している。それは、仏教、儒教による教化の普及にともなってのことであったと。俚諺に表現される智恵・知識を踏まえた道徳的判断は、個人の判断にゆだねられていた。そうした大らかなかつての日本人の心性を描いている（『不幸なる芸術・笑の本願』岩波文庫、一九七九年）。

つまり、道徳教育とは、道徳的な判断にかかわる教育ということになる。徳目を教えることが道徳教育ではない。

それは、また上田薫のいう〝抽象への抵抗〟という哲学からも説明できる。社会的合意としての善悪の基準は、個々の具体的場面から帰納ないし演繹されたものであって、あるいは思弁的思考の結果であって、それ自体が個々の具体的場面に適合することを意味しない。道徳が社会的生活に根ざすものである限り、その徳目は、常に日常的、具体的場面での規範力を問われることになる。現実の生活場面は多様な要素・条件が交錯した複雑な構造になっている。一つの徳目（規範）では割り切れない。つまりは、建て前としてその徳目の価値を認めつつも、そうできない現実の自分が存在するのが、むしろ一般的状況である。徳目通り、建て前通りの道徳的判断で全てが営まれるとしたら、道徳教育が存在する理由もない。それは、文字通りの〝教化〟＝特定の価値の注入でよいことになる。道徳教育のアポリアは、そうできない〝私〟が存在していることである。そして、道徳的価値が相対的であり、抽象的である以上、それを認めなければならない。

つまり、道徳教育とは、道徳的規範（徳目）にもとづく、具体的場面での判断にかかわる教育であるということができる。したがって、そこには絶対的な一つの解が存在しない。どれだけ、深く個が主体的に判断しえたかであり、かつ、またそれを他者との関係の中で相対化しうるかが問われることになる。

このことにかかわって、日本生まれで英国で活躍する文学者カズオ・イシグロの『日の名残り』の主人公、品格ある執事であることを誇りに生きた、彼の最後の独白を聞いてみたい。一九二〇～五〇年代のイギリス、栄光の時代から蔭のさす時代、政界の名士であるダーリントン卿に仕える執事。第二次世界大戦を防ぐため、ドイツとの融和にかけて、幾多の重要会談が卿のダーリントンハウスでおこなわれる。それを裏方として見事に運営する執事は、卿とともに理想の実現をめざすことに最高の喜びを見い出していた。大戦後、ナチス協力者として卿は批難され、ダーリントンハウスも米人の手に渡り、執事の職を失うことになる。その時、彼は次のように独白する。

ダーリントン卿は悪い方ではありませんでした。さよう、悪い方ではありませんでした。お亡くなりになる間際にはご自分が過ちをおかしたと、少なくとも言うことがおできになりました。卿は勇気のある方でした。人生で一つの道を選ばれました。それは過てる道でございましたが、しかし、卿はそれをご自分の意思でお選びになったのです。少なくとも、選ぶことをなさいました。しかし、私は……私はそれだけのこともしておりません。私は選ばずに、信じていたのです。私は卿の賢明な判断を信じました。卿にお仕えした何十年という間、私は自分が価値あることをしていると信じていただけなのです。自分の意思で過ちをおかしたとさえ言えません。そんな私のどこに品格などございましょうか。(カズオ・イシグロ『日の名残り』中公文庫、一九九四)(傍線―筆者)

つまり、「ご自分の意思で」判断したが故に、過ちをおかしたと言うことができる。その勇気こそ「品格」というべきだろう。私は、ただ、卿を絶対的存在として信じたのみで、私が主体的に判断したことでないが故に、過ちをおかしたと言うこともできない。

繰り返しになるが、道徳的規範にかかわる主体的判断力、その教育が道徳教育といえる。それ故に、過ちを認めより次元の高い自己をめざすことができる。つまりは「品格」ある人間の形成にかかわる教育であるといえる。

第一章　教育という言説と日本社会

今日、人間の形成と変容にかかわる営みを、我々は「教育」と表現している。教育はいうまでもなく漢字であり、中国古代社会で創られている。文字を持たなかった日本社会は、漢字を和語にあて、それと音節文字の仮名による漢字仮名まじり文という書記言語を創出する。したがって、人間の存在に本質的にかかわる人間形成の営みを輸入言語たる教育と表現してよいはずである。にもかかわらず、日本社会で教育という漢字の使用が始まるのは、近世後半のことであり、それとて一部の学者、行政用語としてであって一般化していたわけではない。それが一般的に使用されるのは近代以後のことであり、一八七七年前後から明確な概念として使用され、一九〇〇年前後、二〇世紀にかかる頃に、日本社会で一般的に使用されることになる。

なぜ、教育という漢字の登場が近代であったのか、ここから、教育の話を始めることにする。現代の「教育の社会史」という人口動態史から人間形成の歴史を考察する研究では、教育は近代に出現する概念とされる。形成の時代（人間の内発的力にのみ依拠する人間形成）、共同体による教化の時代（共同体の成員として共同体の規範を無意図的に教化する）、そして近代の教育の時代と区分される。そのポイントは、目標（人材養成）を明確にし、それに向けた明確なプログラムとそれを実践する技術＝教授学（法）が成立した近代に、教育という概念は成立したとする点にある。それ以前の無意図的な形成、教化は最終的には発達の結果は個人に帰することになり、意図的、目的的なプログラムと技術をともなうものではなく、それ故に近代の教育とは画期をなすことになるという。ここでは、「教育の社会史」の時期区分によって、それを説明することではない。人間形成にかかわる営為を中国古代社会では教育と表現したにもかかわらず、漢字文化を取り入れた日本社会は、何故に、近代まで使用しなかったかである。そこに、日本の子育て、人間形成の文化の特質を見ることができるのではなかろうか（中内敏夫「〈教育〉的なものの概念」『中内敏夫著作集Ⅰ』、藤原書店、一九九八）。

漢字の語源――教育

教育という漢字は『孟子』に初出するとされる。「得天下英才而教育之」（天下の英才を得て之を教育す）に登場する。

君子たる指導者の楽しみの一つは、自己が統治する広い地域から優秀な若者を集めて、自己の後継者たらしむべく「教育」することができることであるという。後継者の養成、次世代の育成という課題、それは人類にとって普遍的な課題であり、一般的には親が子に対して期待し望むことである。しかるに、君子たる者は、広い空間、多数の人々の中から秀いでた者を選びだし、「教育」する＝後継者を養成することができる。それは、君子ならではの楽しみ、喜びであると『孟子』はのべている。それは、また、孟子（前三七二?―二八九）の師の孔子（前五五二―四七九）が『論語』で「後生可畏」（後生畏るべし）といった、若き者、後から生まれてくる者の持つ未発の可能性を、我々は畏れなければならないとした人間形成観にかかわる方法を具体的に表現したともいえる。未発の可能性を内在する若者、子どもを我々を超えうる人間にする方法とは、いかにあるべきかを表現したともいえる。それでは、教育は如何なる方法を表しているのであろうか。

教の古字は敎と表記される。爻＝コウ、子＝子ども、攴＝ボクの三つの部分から構成されている。コウは建て物、共同体の集会所を表意し、そこに子どもを集める。ボクは、手に鞭（棒）を持つこと、つまり鞭で打ってでも必要なことを学ばせることを意味している。それ故に教の古字は斅とも表記される。學とは学の古字である。

育は、云＝トツと月＝肉から構成される。トツは生子の倒形、つまり、子どもがうまれることを表わし、月は肉、つまり、子どもの誕生を天に告げるために肉を供えることを示している。子どもの誕生と養育によって、善き人たらしめるとの意である。つまり、人間形成の方法は、養って善き人たらしめること、これは、子どもに内在する可能性の発達に期待することである。他方、教は、共同体の文化の伝達は、鞭をもってでも強制的に学ばせることを意味している。つまり、人間形成の方法として、人間に内在する成長・発達の力＝子どもの主体性とともに、文化の伝達にかかわる外からの強制的な働きかけという矛盾する二つの作用、行為によって人間形成＝未発の可能性の現実化が可能になることを示しているといえよう。

和語のおしえる

和語のおしえるは、教える、あるいは訓えると表記される。そもそも、和語のおしえるとは、如何なる意味を有していたのであろうか。『大言海』（大槻文彦（一八四七―一九二八））によれば、その語源は「チイサキ、又ハ、コマカキ状」を意味する「ヲ」（小）の活用形「ヲシ」（「小サキヲ愛憐スト思フ」）であるとされる。つまり、「ヲ（愛）シ」＋「フ」から成っていると説明される。とすれば、おしえを教える、訓えると表記するには無理がある。なぜならば、小さき者（物）を愛憐する、大事にするのであれば、積極的にあるいは強制的を含意する教をあてることにはならない。大事な、小さき者を見守る、その視線の中で、小さき者が主体的に成長、発達することを意味しているからである。つまりは、主体的な学び、習いという行為による人間形成の方法が、日本社会の固有の方法であったが故に、それと異なる方法を含意する教育という漢字が一般的に使用されることがなかったといえよう。

なぜ、「教育」は近代に登場するのか

近世までの日本のモデルは、中華（中国）であった。漢字文化、儒教モデルの社会が、日本の近世を特徴づけることになる。一八六八年の明治維新にともなう明治政権の確立にともなって、西洋文化、西洋列強がモデルとなる。資本主義経済システム（大工場制）を導入した国民国家の確立をめざす、いわゆる近代化が、つまりは西洋モデルの導入が国家の課題となった。そのため、明治政府は多数の人材を西洋に派遣、あるいは西洋の人材を雇傭して、西洋文明の摂取につとめることになる。その象徴的な事実は、一八七一年から一八七三年にかけて、岩倉具視（一八二五―八三）を全権大使とする約六〇名の岩倉使節団の派遣であった。政権の中心人物の半数が（大久保利通（一八三〇―七八）、木戸孝允（一八三三―七七）、伊藤博文（一八四一―一九〇九）等）参加する使節団の使命の一つは西洋文物の視察と情報の収集であった。その重要な柱の一つは、教育制度の調査とモデルとすべき学校についての視察であった。それを担ったのが田中不二麿（一八四五―一九〇九）であり、帰国後、文部行政をリードすることになる。

それはともあれ、西洋文明の情報は、英語・独語・仏語等で表現されている。それを日本語に翻訳し、情報として共有し、近代教育制度の確立をめざすことになる。教育という漢字の近代日本における登場は、Education の翻訳語としてであった。Education という人間形成にかかわる営為は、teaching、training、learning という方法を含んでいる。それを日本語に翻訳する際、明治初頭、多く

の学者は、学ぶ、学問と翻訳していた。それは近世来の中国モデルに対応した漢字文化の学び、日本社会に根づいていた子どもを見守る子育ての文化、学びの主体を重んじる文化を受けた翻訳であった。

一八七二年、近代学校制度の最初の本格的な法令となるのは「学制」であった。学ぶこと、学ぶ場所が学校であり、その制度（仕組み）を定めたが故に、「学制」と称された。「学制」の理念を説明した学制布告書（太政官布告第二一四号）は、「其身を修め知を開き才芸を長ずるは、学にあらざれば能はず、是れ学校の設けあるゆえんにして」とのべている。西洋モデルの学校、Educationの場としての学校、つまりは、Educationの概念を学ぶ（learning）と理解していたことがわかる。注目すべきは、箕作麟祥（一八四六―九七）が、一八七三年、英国チェンバース社の百科全書の一冊〝Education〟を教導説と訳していることである。彼はEducationの概念をteaching、trainingにあるとして、教導説と訳したといえよう。しかし、箕作は一八七八年に教導を教育に改めている。teaching、trainingにlearningを加える時、教育という漢字を発見することになったといえる。教＝外から時には強制性をもって働きかけることと、育＝主体的に獲得する二つの矛盾する行為として、Educationを解することになったためであろう。

一八七二年の「学制」は、一八七九年に廃止され新たに教育令が公布される。「学」から「教育」への転換であった。近代化の進展にともない官僚機構の整備、医師・技師・教員等近代的セクターの整備が進められ、学歴による立身出世が機能するにともなって、一九〇〇年前後には教育という用語が社会で一般的に使用されることになる。しかし、その一般化は、教育の教と育の二元性においてではなく、教に一元化して理解されることをともなってであった。西洋モデルに追いつくための内容を、正確に摂取することが、立身出世につながることであったが故に、学校で教師によって教科書を教えられる、教えられる知識を正確に摂取することが求められたためであった。

なお、一八七七年前後における「学」から「教育」への転換について、人間形成の場に着目して理解することもできる。先に取り上げた田中不二麿は欧米の教育制度の調査を踏まえて、人間形成の場は必ずしも学校にかぎられるもの（中心となるもの）ではなく、家庭・社会の総体の中で形成されること、その中に学校を位置づけることを構想していた。「学制」の「学」が学校中心の学校制度にかかわるが故に、その対象を幅広く捉え直したため教育令と名称を転換した点にも留意しなければならない（湯川文彦「明治初期教育事務の成立」『史学雑誌 一二一―六』二〇一二）。ここでは、方法概念にかかわって、「学」から「教育」への転換を論じたにすぎない。

現代と総合的学習の時間

日本の近現代教育史を概括すると、社会が教育という用語の教と育の二元性を如何に認識してきたかの歴史であったかといえる。国民（臣民）形成に対応した教中心の明治中・後期。大正自由教育、大正新教育の時代と呼ばれる、子どもの学習を重視した大正期。「皇国民の錬成」という戦時体制に即応した徹底した「教」の昭和一〇年代の教育。戦後のプラグマティズム、経験主義の影響下での子どもの生活と学びを中心とした問題解決学習の時代。一九六〇年代の高度経済成長政策に対応した人材養成のための「教」重視＝詰め込み「教育」の時代。いわば、教と育が交互に時代を織りなしていたといえる。

とはいえ、その基調は、戦時期を除くと西洋モデルへの追随、西洋モデルを範型とした知識・技術の獲得の場として、学校教育は機能していた。モデルに対応したプログラムが用意され、それは「教」中心の場であったといえる。しかし一九七〇年代、世界の経済大国となり、いわば西洋モデルに経済活動を中心にして追いつくことになる。一九七〇年代後半には、モデルなき社会の創造という新しい課題を日本は担うことになる。当然、モデル追随型の「詰め込み」教育とは異なる教育が提示される。一九七七年の学習指導要領改訂での「ゆとりの時間」の導入、授業時間の削減がそれであった。〝ゆとり〟による自発的自主的な学びへの切り替えであった。モデルなき時代、自ら課題を発見し、その解決法を見い出す、主体的で創造的な人間像が求められることになる。この路線は、一九九八年の学習指導要領改訂で、より明確なものとなる。教育内容の三割削減と「総合的な学習の時間」の創設であった。

しかし、皮肉にもその翌年一九九九年頃から、ゆとり教育批判が高まる。つまりは、〝分数計算もできない大学生〟に代表される学力低下問題であった。それを決定づけたのは、二〇〇四年に

OECD（経済協力開発機構）のPISA学力調査という国際学力調査での日本の一五歳児の学力低下（二〇〇三年調査で数学的リテラシー、二〇〇〇年の一位から六位へ、読解力八位から一四位へ）が明らかになったと指摘されたことであった。このPISA学力調査は、キーコンピテンシー、あるいはリテラシーという新たな学力概念にもとづくものであった。いずれもが、知識、技能の獲得ではなく、それを実際に応用しうる能力を調査するものであった。つまりは、ゆとり以後の学校教育の転換の結果が問われるものであった。それ故に、その学力調査での順位の低下は、より深刻な内容をともなうものであったといえる。

その結果、二〇〇八年の学習指導要領改訂によって、「脱ゆとり」路線に回帰し、「総合的な学習の時間」の削減、「教科の時間増」がはかられることになる。このように、教育という用語、教育という言説は、歴史的社会との対応関係で、政策レベルでは教と育の二元性の統一的認識ではなく、いずれかに一元化される方向で認識され揺れ動いてきた（いる）といえよう。教と育の二元性の統一については、第四章の付論で論じることとする。

なお、OECDのPISA学力調査がそもそも学力の国際比較たりうるのかと、根本的な疑義も示されている。つまり、学力とはその国・地域の歴史、文化に根ざす思考様式に裏づけられたものであり、OECDという西欧先進国の思考様式をモデルにしたPISA学力調査は、その思考様式を基準とした順位にしかすぎないとの指摘である。学力とは何か、学力の比較とは何を意味するのか、それ自体が重要な検討の課題といえる（柴田勝征『フィンランド教育の批判的検討——学力の国際比較に異議あり』花伝社、二〇一二）。

第二章　二足直立歩行と教育

人格概念と教育

近代哲学、近代人の概念は、デカルト（一五九六―一六五〇）の「我思う故に我あり」と、懐疑に人間存在の根拠を求めたことに始まるといえる。思うという思惟様式を、理性の概念によって、精密な人格概念に構成したのが、カント（一七二四―一八〇四）であった。彼は人間の思惟は、純粋理性による作用であり、外界の認識における主体の確立を明示した。カントはケーニヒスベルグ大学哲学教授として、教育学も講じている。彼の教育に関する定言は、「人間は教育されなければならない唯一の被造物である」「人は教育によって人間に成れる」である。彼にとっての教育の哲学的課題は、「強制によっていかに自由を形成しうるのか」であった。強制と自由な自律した人間（人格）の形成を、いかに論理づけるのか。カントは、人間は自然な存在であるが故に、強制が必要なのではなく、人間を人間たらしめる道徳のレベルからの義務・命令による道徳的、自律的人間の形成を主張する。

彼がいう人間とは、理性による認識と実践としての自由にかかわる判断を持つ存在を意味していた。それは、理性による啓蒙、つまりは道理に導かれて判断できる人間像であった。

ルソーの『エミール』(一七七六)は、カントの教育論に大きな影響を与えている。有名な逸話であるが、カントの思索の日々はきわめて時間に忠実であり、決められた時間に散策する姿は、近隣の人々の時計の役を果たしていた。そのカントが、ある日、散策の時間に現れなかった。その時、彼はルソーの『エミール』を読みふけっていたためであった。ルソーの人間の自然的存在から、近代社会を構成する普遍的意思を持つ人間への道筋を描く『エミール』に引きつけられていた。ルソーが自然性に即した経験的・連続的な道徳的感情にもとづく人間像を描いているのに対して、カントは理性的・非連続的自覚を自律的な人格の中心概念におくことになる。

生理的早産説と身体

ルソーは、『エミール』で人間の自然的存在に着目した教育論を展開した。カントは、自然性から理性的人格への形成の構造を理性という精神的活動、概念によって説明し、啓蒙的教育論を確立し、近代的人間像、近代教育学の方向性を示すことになる。

他方、ルソーがいう自然性、『エミール』で「人間は弱き者として生まれてくる、したがって教育は必要である」という、「弱き者として生まれる」という事実から、人間形成を、教育可能性を追求する道筋も開かれる。イタール（一七七四―一八三八）の『アヴェロンの野性児』（福村出版、一九七八）の報告は、その一つの先行的事例である。

一七九九年七月、南仏アヴェロンで一一～一二歳と推定される野生児が発見される。動物のごとく、四本足で歩行し臭覚のみが異常に発達し奇声を発する、しかしまちがいがない少年の姿を持つ不可思議な生き物として発見される。国立聾唖院の青年医師イタールは、彼を自宅に引き取り家政婦の協力を得て、教育的働きかけを試みる。学院長のピネル博士はこの少年は「白痴」であるが故に、森に捨てられ偶然にも生きのびたのであって、教育による人間性の回復は不可能であり、施設にゆだねるべきだと主張する。対して、イタールは「教育による人間性の回復」という、人間にとっての教育の意味に希望を持ち、彼の指導にあたることになる。

イタールは、二足直立歩行による人間としての身体性の形成、感覚の訓練（聴覚、視覚、触覚、味覚、嗅覚）による感覚の自由の獲得、比較・洞察・判断の認識力の形成にもとりくむことになる。ヴィクトールと呼ばれる少年の実験教育は六ヵ年におよび、初期段階に成果を上げるが、言語の獲得には至らず、いわゆる「普通児」にすることはできなかった。イタールも後には、彼を「白痴」と判断し、ピセートル院に収容。四〇歳で死亡する。このイタールの実験教育の結果は、ヴィクトールは「白痴」であったのか、あるいは、教育開始の最適期を逃したためなのか、成長・発達と教育の関係という教育的課題として引きつがれることになる。「弱き者として生まれてくる」（ルソー）人間は、それ故に、成長、発達の可塑性は大きく、教育の意義も決定的であることにもなる。逆にいえば、環境よって、人間は動物にもなりうること。そして、教育的働きかけも、成長、発達の適切な段階に応じて適切な働きかけがあって意味を持つこと。イタールの報告は、この事実を示すものとなっている。

シングの『狼に育てられた子――カマラとアマラの養育日記』(福村出版、一九七七)も、人間の可塑性の大きさと教育の意味を考えさせられる事例である。一九二〇年インドのコルカタの近くの洞窟で、二人の子ども、一歳六ヵ月のアマラと八歳と推定されるカマラが発見される。シング牧師は二人を引き取り、教育的働きかけをこころみる。アマラは一年余で死亡するが、カマラは八年間生存し、シング夫人の献身的なマッサージで二足直立歩行も可能となり、赤ん坊集団にまじわることによって約四〇の言葉を修得している。

この〝野性の少年〟と〝狼に育てられた子〟の事例は、ポルトマン(一八九七―一九八二)の「生理的早産説」からも説明される。ポルトマンは、人間は他の哺乳類に対して、一年間早く生まれる。それ故に生まれると同時に自立し移動することはできない。したがって、環境の影響は大きく、可塑性も大きい。この人間の「生理的早産説」が人間の可塑性の大きさ、したがって人間にとっての教育の意義を強調することになる。この生物(動物)学的人間観も、また、近代教育論を構成する一つの流れを形成することになる。すなわち、人間の自然性、人間と自然との関係、その媒体としての人間の身体性とは何かを問う視点から教育を構成することになる。

成長・発達と進歩

成長とは成熟に向かうプロセスであり、発達はその成長のプロセスに文化的に適切に働きかけることによる、質的な変化、つまりは認識力の深化と拡大にかかわる用語といえる。ピアジェ（一八九六―一九八〇）は、前操作から具体的操作、そして形式的操作へと、発達のプロセスを描いている。二足直立歩行から手の自由の獲得、道具の使用、言語の獲得、人格の形成という成長のプロセスは、適切な環境と働きかけがあって、それ等の能力を人間は獲得していく。その成長と発達のプロセスは一体のものとして理解されねばならない。しかし、近代は人格の形成を自然的経験の連続と把握するより、それと非連続な叡知（理性）にもとづく先験的な観念による自律的な人格を措定することになる。それ故に、近代の教育は言語の獲得、人格の形成を中心に考察され、人間の身体性＝二足直立歩行の意味は忘れられ、精神（心）と身体の二元的把握と精神の優位性が強調されることになる。

たしかに、ルソーの自然性にもとづく教育論は、ペスタロッチ（一七四六―一八二七）に継承され、生活・労働による陶冶＝生活教育論として展開されていく。しかし、産業革命後の大工場制への移行にともない、それ以前の農耕・手工業を中心にした共同体の生活（教育）空間は徐々に崩れていき、生活・労働の場での人間形成の機能は低下していくことになる。それに応じて、学校での教育による、労働者に必要な身体規律と知識の形成がすすめられていく。この身体規律は、科学技術が生みだすシステムに適応する身体性でしかなかった。近代の科学技術の進歩、普及にともない、人間は人間的、肉体的苦痛をともなう苦役から解放されていく。コミュニケーションの手段、方法も記号化（言語・音声・映像等）され、肉体を媒介とする直接的コミュニケーションの機会も減少していくことになる。身体の感覚を介した交流の機会が減少する。教育の難問は、ここにもあるといえよう。教育による科学技術の進歩、普及は、人間を自然的状態から解き放ち、人間の生活条件を豊かなものとしてきた。その結果、人間を人間たらしめる身体性の形成が、教育的課題として、現在、問われている。

一九七〇年代、日本の学校で以前には考えられなかった不可思議なケガ（転倒する時顔面から倒れる、ボールを瞬時によけられず顔面にうけるなど）が多発していることを、養護教諭が報告している。その実態の解明を試みた正木健雄は、文部省の体力調査のデータの分析から、一つの仮説を提示した。彼が着目したのは子どもの背筋力の低下であり、土踏まずの形成の高学年化であった。二足歩行という人間の身体性は、背筋力の成長によって可能となったのであり、それにともなって歩行が可能になり手の自由を獲得することができた。その進化のプロセスを考える時、背筋力の低下は、人間存在そのものの危機につながるのではないかと指摘する。その身体性の成熟が不充分であるため、様々な予期できなかったケガが多発しているのではないかと。正木は人間の進化の歴史に対応して、後に形成獲得する能力から順次人間の退歩は進行しているのではないかと指摘する。人格に対して自殺、言語の獲得に対して自閉症、手の自由の獲得に対して手の不器用さ、二足直立歩行に対して背筋力の低下で……と。教育の普及による科学技術の進歩にともなう、人間の自然性からの解放は、人間の退歩と表裏をなす可能性について論じている（正木健雄『子どもの体力』大月書店、一九七九）。

教育史学者の宮澤康人は、人間は自然の一部、すなわち身体は環境系に属するものであって、動物学者ヘッケル（一八三四―一九一九）の「個体発生は系統発生を繰り返す」の定言を受けて、「世代を貫く生命の絆と教育学イデオロギー――身体＝環境系の系統発生と個体発生という視点から」（『東京大学教育学研究室紀要』二〇〇四）という論を展開している。解剖学者養老孟司も「現在のわれわれ、すなわちヒトの特定の一個体とは、生物の発生以来数十億年にわたる、膨大な数の個体発生の繰り返しの、とりあえずの最終段階である」（「個体発生と系統発生」『講座 進化』四巻、東京大学出版会、一九九一）とのべる。私達の個人史は、生命進化史の一環であると指摘する。そして生命進化史は「濃密な無意識の身体的絆・感覚」（宮澤）によって促されてきた。この「身体的な絆・感覚」によって、我々人類は意志的な獲得的適応として、二足直立歩行以後の身体性を形成する。では、何故、「身体的絆・感覚」が主体性を生み出すのか。「人間はオッパイを休み飲みする唯一の霊長類」という指摘が意味することは、生命の危機をもかえりみずあえて触れ合う、愛情＝他者への思いを確認するための、人間のみがとりうる行為だとされる。母乳摂取の状態は他者からの攻撃に一番無防備であり、それ故に人間以外の霊長類は、母乳摂取の時間を最少にしている。にもかかわらず人間のみは、触れ合いの意味を認めあうため、休み飲みする。その他者への思い、能動性が獲得的適応のための主体性を生み出すことになる。その積み重ねの中で、我々人間の今は、存在していることを意味しているといえよう。

ヘッケルの「個体発生は系統発生を繰り返す」は、人類の進化史を個体は繰り返し、人間になることを表現していると理解することができる。先の正木健雄の仮説は、こうした進化史の理解によっても説明できよう。生命の数十億年の時間、直接的には数百万年前に登場する人類の歴史、より直接的には三・五万年前に出現するホモ・サピエンス・サピエンス（新人）の歴史につらなることになる。短くとっても三・五万年の歴史は、自然環境に適応できる存在としての人間形成の歴史であったといえる。それはまた、逆に、文明の進歩によって、とりわけ近代の科学技術によって、自然環境をより人間の生活に適するように「制作」してきた歴史でもあった。

たとえば、電気の発明により、今は二四時間、明るい空間を造り出すことができる。太陽が昇り、沈むというサイクルで何十万年と生き、適応的に形成されてきた人間の身体性、感覚、生命維持のシステムが適応できない明るい空間が出現している。環境系として形成されてきた身体性が、その劇的な変化に適切に対応しうるのだろうか。身体のおかしさ、不可思議なケガなど身体の異常は、自然的環境で形成されてきた身体性が、適応不全のシグナルを発していると理解することができよう。教育の普及にともなう近・現代の科学技術の進歩によって、身体＝環境系の「変調」という課題をまた、教育は受けとめなければならなくなっているといえよう（瀧井宏臣『こどもたちのライフハザード』岩波書店、二〇〇四）。

第三章　教育のパラドックス

〝教育のための子殺し〟

〝教育のために子殺しがおこなわれた〟この表現に出会ったのは、半世紀近く前、学生時代、手にとった梅根悟（一九〇三―八〇）著『世界教育史』（光文社、一九五五、改訂新版、新評論、一九六七）においてであった。人の生命を輝かせることのできる教育という世界、教師という仕事をとりあえずの目標にしていただけに、これはあまりにも衝撃的な指摘であった。教育とは人間を人間にする営みであると常識的に理解していた私にとって、その意味を深く理解するには時間を要することになった。何故に、子殺しという非人間的行為が教育ないしは、教育的意味を持ちうるのかと。著者は、はしがきで、次のようにのべている。

私はこの本で、人類の子どもは歴史はじまってこのかた、今日まで、一貫して親たちの必要と打算、そしてその親たちや子どもたちを支配している国家権力や支配階級の必要と打算によって、いろいろに教育されてきたということ、……それは人類の歴史が戦争の歴史であるという事実と深くつながっていること、したがって、端的にいえば、子どもたちは長い歴史を通じて、戦争のために教育されてきたこと、人間は人間どうし殺しあいをするために教育されてきたということ、また直接にそうでないにしても、そうなる結果をまねく事態のつながりの中で教育され、あるいは教育されないできたということ……。

親の必要と打算そして親を支配する国家権力や支配階級の必要と打算によって、人類の教育の歴史は始まり、現代にまで及んでいるとする教育（史）認識の下に書かれた本である。近代の日本にあっても、一八七二年の「学制」に出発する近代学校教育制度は、一八九四〜五年の日清戦争、一九〇四〜五年の日露戦争、一九一四年〜八年の第一次世界大戦、一九三一〜四五年の一五年戦争（満州事変、日中戦争、アジア・太平洋戦争）と、戦争とともにあったともいえる。「人類の歴史」は「戦争の歴史」であり、「人間は人間どうし殺しあいをするために教育されてきた」、この事実を直視し、なぜ、殺しあうための教育をおこなってきたのか、それを人類はいかにして平和な、子どもの幸福のための教育に改めようとしてきたのか、『世界教育史』は、戦争のための教育から、平和のための教育へと、希望を語りつぐ著作である。

では、梅根の〝教育は子殺しにはじまる〟は、いかなる意味を含意しているのであろうか。この非人間的な行為は、人間のみがおこないえる行為である。それは、いわば人間の知性――打算と計画――が生みだす行為である。なぜなら、人間のみが、死の恐怖――自然災害や戦争や病気による――を感じることができるからである。科学が存在しなかった時代、死の恐怖からまぬがれるため、神に祈り、生け贄として人間の子＝一番大事な物を供することになったのだと指摘する。あるいは、生産力の限られた時代、食糧不足による共倒れを防ぐため、人口数を一定に保つため、子殺しがおこなわれたとも指摘する。その意味で、人間の知性の働きが生んだ行為であったといえる。

では、なぜ、死の恐怖からの逃亡、人口の調節にかかわる人間の打算と計算にともなう子殺しは、教育と呼びうるのか。それは、子殺しの半面は、殺されなかった生かされた子どもの存在である。つまり、生かされた子どもをどう育てるのかの計画と表裏の関係において子殺しがおこなわれたと指摘している。

生け贄としての子殺しは、人類の歴史において他の物に代替されて姿を消すものの、経済的貧困による子殺しは、自然災害による饑饉の時代、苛酷な収税の時代に、なお、存続し続けることになる。宗教的規律の弱い日本社会では、経済的困難による間引きは、社会的に容認されていた。その間引きが近代においても存在していたことを柳田國男（一八七五―一九六二）は「布川のこと」（『定本柳田國男集別巻三』一九八二）で次のように記している。柳田が一四歳前後の頃、一八九〇年頃の話である。

布川の町に行ってもう一つ驚いたことは、どの家もツワイ・キンダー・システム（二児制）で一軒の家には男児と女児、もしくは女児と男児の二人ずつしかいないということであった。私が「兄弟八人だ」というと「どうするつもりだ」と町の人々が目を丸くするほどで、このシステムを採らざるをえなかった事情は子供心ながら私にも理解ができたのである。……約二年間を過した利根川べりの生活を想起する時、私の印象に最も強く残っているのは、あの河畔に地蔵堂があり、誰が奉納したものか堂の正面右手に一枚の彩色された絵馬が掛けてあったことである。

その図柄が、産褥の女が鉢巻を締めて生まれたばかりの嬰児を抑えつけているという悲惨なものであった。障子にその女の影絵が映り、それには角が生えている。その傍らに地蔵様が立って泣いているというその意味を、私は子供心に理解し、寒いような心になったことを今も憶えている。（旧仮名遣いは新仮名遣いに、旧字体は新字体に改めている。以下同様）

こうした悲惨、露骨な方法による間引きは、また、生かされた子どもを子宝とする思想に結ぶことにもなる。残された子どもは、親や共同体の期待に応えるべく教育されることになる。梅根のすぐれた史眼は、こうした饑饉という経済的困難のための人口調節だけでなく、やがて、社会はその消費水準（教育水準）を維持するため、子どもの出産を計画化することになると指摘している。日本の近世社会においてもこうした計画性がめばえてくる。一七〇〇年頃の人口は約三〇〇〇万となり、以後、生産力の上昇、経済活動の活発化にもかかわらず、人口は停滞し一八九〇年頃までその水準のままであった。このことは、消費水準の維持という計画性が働いていたことを示していよう。教育水準維持のため人口を調節する教育的マルサス主義が近世社会において形成されていき、子どもへの愛着とともに教育対象としての子ども認識、親の期待（打算と計算）が強まることになる。

人間は社会的存在であり、集団として社会を構成し、やがて権力を持つ統治機構としての国家を形成することになる。社会、そして国家は、当然、その社会・国家の目標に即して子どもの教育をおこなうことになる。つまり、教育という営みは、個人の真空的空間でおこなわれるのではなく、歴史的・社会的な構造を持つ社会・国家の計画性とともに存在せざるをえない。歴史的・社会的事実としての教育に着目した時、改めて、教育は人間の営みが持つ必要と打算という「知性」にもとづく営みでもあったことを忘れることはできない。今なお、戦争に動員される子ども、日本にも顕著な児童虐待、いじめによる自殺等、その属性を持ちつづけていることに留意しなければならないといえる。

戦争と教育

人間は、唯一、同類の人間どうしが殺しあうことのできる動物であると言われる。それ故、集団・社会を自覚的に構成して生きる時、あらゆる宗教は、殺生を禁止する戒律を掲げることになる。人間の形成にかかわる教育という営みも、その列に加わるものであった。しかし、現実には、それとは逆に、教育も宗教も人間が人間を殺しあうことを推し進める結果をもたらすことが多々あった。その最大の殺生行為は戦争であった。

近代国民国家の成立にともない、国境（領土）と国民を持つ国家は、その維持存続を最小限の課題として国民軍を組織することになる。封建時代の領主（武士）のみの領地をめぐる戦争ではなく、国民が兵役の義務を負い、徴兵制度によって国民軍が組織されることになる。その意味で、近代国民国家は、国民教育の重要な内容として、間接・直接的な軍事教育（兵式体操・軍事教練・排他的な愛国心教育など）を組み込むことになる。一九一四〜八年の第一次世界大戦を経て、軍事力は、総力戦として捉え直されることになる。直接的な軍事力のみならず、国家社会の全ての機構が軍事的機能に集約される体制を各国はめざすことになる。その行きつく先は、子どもをも労働力、そして軍事力として動員する体制の構築であった。

日本にあっては、小学校を国民学校と改称する一九四一年四月がその画期をなすことになる。国民学校は、一九四七年三月まで存続するが、一九四五年八月一五日の敗戦までの約五年間は、文字通り子どもを少国民として戦争に動員するための教育が徹底された。その意味で、戦争と学校の関係を具体的に表象することになったといえる。なぜ、子どもの初等教育の場である小学校は国民学校と改称されたのであろうか。小学校は大学に対応する概念で、大人が本格的に学問する大学に対して、子ども（小人）がその入門段階としての学びをすることを意味していた。つまり、大人とは異なる存在として、その成長発達段階に即した学びの場と考えられてきた。しかし国民学校（令）は、「皇国民ノ基礎的錬成」を目標とすることになる。すなわち皇国民たる天皇の統治する国家の民を教育することを意味することになる。かつて、西洋の中世社会が子どもを「小さな大人」と把握したごとく、子どもも大人と同様に皇国民たる義務を担うこと、年齢が少ないが故に少国民と呼ばれることになる。皇国民として、銃後をになう労働力として、そしてやがては戦力として子どもを教育（動員）する場になったことを意味していた。もちろん、戦争の遂行には科学的合理性も求められる。国民学校でも理科教育など「科学的合理的」な教育の導入もはかられるが、現実は、神がかり的な精神教育が圧倒していくことになる。その様子を『戦ふ少国民』（軍事保護院後援・指導、電通映画部製作、一九四九）の映像によりながら見てみよう。

この映画は、一九四四（昭和一九）年、米軍の本土空襲が激しくなり、物資も欠乏する中で、絶望的な戦争を継続していた時期、横浜市の西前国民学校（現西前小学校）での教育活動を撮影したものである。それは銃後の子どもたち（少国民）も元気に明るく戦っていること、銃後の支援、あるいは少年兵として積極的に戦争に加わる様子を映し、国民を鼓舞するために製作されたものであった。この映像の中から三つの場面をとり出してみよう。

①国民学校初等科二年の国語の授業場面と、②全校集会の場面と、③少年兵壮行式の場面である。

①は、国語の授業場面で、取り上げているのは、第五期国定教科書（一九四一年から使用）国語教科書の巻二、「三勇士」である。この少女たちは、その最後の部分を読んでいる。「三勇士」は、一九三二（昭和七）年の上海事変で、作江伊之助、江下武二、北川丞の三兵士が、着火した破壊筒とともに鉄条網に突撃する「軍国美談」を教材にしたものであった。

三人の心は、持った一本の破壊筒を通じて、一つになっていた。しかも、数秒ののちには、その破壊筒が、恐ろしい勢いで爆発するのです。もう、死も生もありませんでした。三人は、一つの爆弾となって、まっしぐらに突進しました。めざす鉄条網に、破壊筒を投げこみました。爆音は、天をゆすり地をゆすって、ものすごくとどろき渡りました。すかさず、わが歩兵の一隊は、突撃に移りました。班長も、部下を指図しながら進みました。そこに、作江が倒れていました。

「作江、よくやったな。いい残すことはないか。」作江は答えました。「何もありません。成功しましたか。」班長は、撃ち破られた鉄条網の方へ、作江を向かわせながら、「そら、大隊は、おまえたちの破ったところから、突撃して行っているぞ。」とさけびました。「天皇陛下万歳。」作江はこういって、静かに目をつぶりました。

こうした「軍国美談」によって、少国民たる子どもは「天皇陛下万歳」といって戦争で闘い、死を怖れないことを最大の価値として、それを内面化していったといえる。

②は、全校集会で学校長が、戦争に勝つ決意を絶叫し、少国民がそれに応じて気勢を上げている場面である。

校長：諸君は、戦争に勝った方がいいか、敗けた方がいいか。
勝った方がいいと思う者は、手を上げい。
生徒：ハーイ
校長：そう、戦争は是が非でも勝たなければなりません。勝つためには誰も彼もない。街全体が、国全体が一丸となって、一つかたまりとなって決勝点に突撃するのだ。

子どもたちは、本気で真剣に勝たねばとならないとの決意をあらわしている。

③は、少年兵壮行式で、国民学校高等科二年（満一四歳）の少年兵が、全校生に決意をのべ、後に続くことを呼びかけている場面である。

少年兵代表：本日は、今日、自分らのため、かくも盛大な壮行の式をお挙げ下され、ただ今は、先生の御恩徳なご祝辞を頂き、代表の方よりは熱誠あふれる激励の言葉をいただき、ただただ感激の外ありません。今、国家興亡のこの時、少年兵として召されることは男子の本懐これにすぐるものはありません。これひとえに、先生方のご指導と諸君のご鞭撻の賜物とあつく感謝する次第であります。諸君も続々つづかれんことを望む次第であります。

徴兵年齢（満二〇歳）未満の少年を志願によって、兵員として動員する少年兵制度は、一九四三年以後、兵員不足を補うため大量の募集をおこなっている。とりわけ、飛行兵が大量に募集となる。陸軍少年飛行兵は一九四二年四〇一四名から、一九四三年一万六四二七名へ、海軍飛行予科練習生は一九四二年八二五八名から、一九四三年四万四一四四名へと募集を拡大し、国民学校も少年兵への志願をすすめ、少年兵を送り出す役割を果たすことになる。
「日本ヨイ国、キヨイ国。世界ニ一ツノ神ノ国。日本ヨイ国、強イ国、世界ニカガヤクエライ国」（国定五期教科書『ヨイコドモ』下）と、神たる天祖が肇国《ちょうこく》（建国）し、子孫たる天皇が統治する神国（神州）日本の優越性が教えられ、「天皇陛下万歳」と戦争で闘うことを最高の価値と教えられたのが少国民であった。しかも、少国民は、この教育を戦時下の希望のない生活を惨めなものと感じていたわけではなかった。この映画に映る少国民、子どもたちの顔は、生き生きと輝いている。戦争に燃えていたといえる。

この戦時下、東京府立第九中学校四年の少年、原田奈翁雄は、こう記している。

天皇陛下のおんために、われわれは敵を殺し、殺して、自分も死ぬのだ。何という光栄、何と美しい生の完結――。そんなことを口にしたわけではなかったけれど、荘重悲愴なメロディーはひとりひとりの少年たちをおのずとそんな決意、陶酔へと、誘っていた。戦場で死んだ兵士たちの遺骨――英霊――を迎える悲しい儀式も普段の行事となっていて、戦争も死も、ごく身近な現実として私たちの前にあったことは間違いないのだけれど、当時心幼い少年たちにとって、それはなお遠い場所でのことに過ぎなかった。私たちの毎日は、充実し、燃え、十分に楽しくさえあったのだ。「おれたちは正義のたたかいをしている。天皇陛下のために敵を殺し、そして自分も死ぬ。」当然、人生は二十年。いささかの惑いも恐れもそこにはなかった。（龍野忠久・原田奈翁雄編『死ぬことしか知らなかったボクたち』径書房、一九九七）

戦争に勝つことを目標に、少年少女は燃えていた。それはまちがいのない一つの事実であった。教育のパラドックス——人間の生命の価値を学ぶはずの教育と学校が死を価値あるものと教えていた——を、そこに典型的にみることができよう。

しかし、人間の「打算」は、それと異なる少国民をも生み出していた。学校は、とりわけ近代の学校は、国家・社会に対応する人材の養成と配分の機能を果たすことになる。いわゆる立身出世主義のイデオロギーとともに展開することになる。戦時下、少国民をも労働力、兵力として動員する一九四〇年代、いわば学校と教育が実質的に崩壊していく中でも、義務教育修了後、中等学校進学希望者は増加していく。中等学校進学率は、一九三〇年二〇・四％が一九四〇年二六・九％と上昇し、戦時の破局的展開の中でも進学率が減少することはなかった。進学率の上昇にともなう受験戦争の弊害を防ぐため、文部省は一九三九年、筆記試験の廃止、内申書重視（学校間格差を認めない）、「徳性ニ基ク判断」の考査による方式に改めた。上級学校しかも序列の高い学校をめざす、立身出世＝「私利」に有利な学校への進学競争は、「滅私奉公」（戦争への動員）と矛盾することになる。それに対応する施策であった。しかし、戦時下にあっても優位なポストを求める受験戦争は衰えることはなかった。「徳性の判断」による受験戦争も、いたずらに「天皇への奉公」という観念の建て前を競わせるにすぎなかった。一九四二年東京府立第六中学校の加賀乙彦は自伝的作品『永遠の都・五』（新潮文庫、一九九七）で、陸軍のエリート養成校である陸軍幼年学校に、そのための予備校に通い、合格した心理を次のように記している。

　五十人ほどのクラスの中で、去年たった一人だけが幼年学校に合格した。そいつはクラスで一番の秀才だった。……将来、クラスの六割の者が軍隊の学校へ進学したがっているのも事実なのだ。……要するにみんな、大戦争のさなか、もっとも有利な職業につこうと子供心に思っているのだった。

教育と学校は、戦争という国家、支配階級の「必要と打算」のため、天皇（国家）のための死を価値あるものとした。それを純粋に信じる少国民を作り出すとともに、学校がもつ社会的配分機能に着目し、「私利」＝立身出世を天皇のためという建て前とともに求める少国民をも生み出していた。

第四章　シツケの世界と体罰の世界

宣教師の見た日本の子育て

　二一世紀の今日、日本の義務教育＝小・中学校の教育も、かつての画一的な文化から価値の多様性（個性）重視の方向をめざしつつあるかに見える。それでもなお、西洋の学校文化に比較にすれば、画一的規範が強いといえる。それはアメリカを典型に、多民族、多文化社会・国家として成立する近代西洋と単一民族・文化幻想を前提とした近代日本との相違にもとづくことでもあった。では、前近代社会にあっては、西洋世界と日本の子育て、教育は、いかなる様相を示していたのであろうか。

　一六世紀大航海時代、一五四三年ポルトガル船の種子島着と鉄砲の伝来、一五四九年イエズス会のフランシスコ・ザビエルの鹿児島上陸と布教の開始によって、日本と西洋との直接的な接触交流が始まることになる。中国・朝鮮という漢字、儒教文化圏に限られた対外的世界は、キリスト教と火砲を持つ異質な西洋文明に出会うことになる。織田信長をはじめ戦国大名は、軍事力の増強と交易による富を求めて、当初は積極的に南蛮文化の導入をはかることになる。それにともなって、ザビエル以後、イエズス会を中心に多くの宣教師が来日し、布教にとりくむことになる。彼等は布教のため、日本社会の実状について沢山の記録を残している。それらは、次なる布教のための情報として価値を持つものであった。しかも、彼らの記録は、日本人が日常のこととして意識することのない事柄に観察が及んでおり、当時の人々の生活を知る資料となっている。

その一つが、日本の子育て・教育についての記録である。子育てが、前近代には、共同体（イエ・ムラ）での生活、労働とともになされており、日本社会がそれを自覚的に認識し記録することはなかった。その子育ての世界を西洋人の目で記録しており興味深い。『子育ての書I』（山住正己・中江和恵編注、平凡社東洋文庫、一九七六）の解説論文が、次のように適切に彼らの日本の子育て認識を分析している。

日本の育児・教育は、外国人の目にも、なかなか立派なものと映っていた。一例をあげると、十六世紀中葉（天文年間）、西からやってきた宣教師は、「日本国にてもっとも善良なるは少年の養育にて、あえて外国人のおよぶところにあらず」（『日本西教史』）といっていた。ここで称賛されているのは、子育てにおける温和な方法であり、たとえば子どもが号泣しても、おどしたりせず、もっぱら慰める方法をとっていることに注目していた。同じところに目をむけ、本国への通信に「子を育てるに当たって決して懲罰を加えず、言葉を以て戒め、六・七歳の小児に対しても七十歳の人に対するように、真面目に話して譴責する」と記した人もいた(フロイス、一五六五年二月二〇日付)。鞭により子を懲戒する権利は天主から親に授けられたものとする人たちにとって、言葉による温和な方法だけでは育児は不可能だと見えたが、しかしこの方法に関心をよせたのである。

なぜ育児の方針にこういう違いが生じたのか。フロイスも日欧の相違の列挙にとどめ、その原因を明らかにしようとはしていない。しかし興味深いのは、彼が、ヨーロッパでは、幼児を眠らせるのに揺籃を使い、歩行を教えるのに小さな車を使うが、日本ではこんな道具は一切使わぬ、「ただ自然のあたえる援助を使うだけである」(『日欧文化比較』)といっていることである。温和な育児・教育の方法は、この「自然のあたえる援助」以外は使わぬということと密接な関係があったろう。

この指摘によりながら、日本の子育てと西洋の教育の前近代における異なる様相とその意味について考えてみたい。

①性は悪か善か。

彼等は、日本の子育て・教育を「あえて外国人のおよぶところにあらず」と絶賛している。その理由は、子育てにおいて懲罰を加えずに温和な方法、つまり、言葉でもって「真面目に譴責する」方法に着目してのことであった。懲罰＝鞭による体罰を子育て・教育の方法として不可欠にした宣教師にとって、その温和な方法は、考えの及ばないことだった。懲罰という方法は親や教師が自己の感情をコントロールできずに思わず手を出すのとは、根本的に異なるものであった。モリー・ハリスンは、「親はこどもをよく殴ったが、教師も同様であった。十五世紀、アグネス・パストンという母親は、娘が母親の選んだ男と結婚しようとしなかったために、激怒して週に一回か二回、時には一日に二度も娘を殴り、頭に大怪我をさせた。またこんな話もある。ケンブリッジ大学の学生が文法学修士号の試験を受けたとき、カバの木のむちを与えられ、一人の少年にどれだけ厳しくむち打ちができるか試験官に示すように指示された。その少年はむち打ちを受けるためにわざわざ連れてこられ、終わってから何と四ペンスを与えられたということだ」(藤森和子訳『こどもの歴史』法政大学出版局、一九九六)と記している。

つまり、体罰という方法は、子育て・教育、学校において、不可欠なものであり、それは懲戒する権利を神から与えられているとするキリスト教の人間観にもとづくものであった。キリスト教の人間観は、イヴとアダムが神に反して永遠の生命を得ようとして禁断の木の実を食べ、楽園から追放される失楽園に示される原罪をベースにしているといえる。それ故に、神は罪を罰する存在であり罪を贖って刑死したキリストを信仰することによって、人間は救済されるとする。つまりは、原罪は性は悪であるとの人間観に結ぶものであった。したがって、神の救済を信じる人間の形成のため、それに反する行為は厳しく罰せられることになる。罪を罰する神を中心とする西洋中世のキリスト教世界では、それ故に人間形成にあって体罰を不可欠とすることになったといえる。

他方、「日本は昔から、児童が神に愛せられる国でありました」(『日本の伝説』角川ソフィア文庫、二〇一三)と柳田國男が書くように、日本にあっては、神は児童(人間)を愛する存在であった。彼は、前近代の庶民の思想は、経験知の重なりとしての常識として形成されたもので、正義の観念を持つものでなかったという。つまり、自然な生活で形成される自然な感情として子どもと神の関係を理解していた。神は、子どもを愛していると。したがって、性の本質(善か悪か)にかかわることなく、善なる方向をあえて考えることもなかった。とはいえ、やがて日本社会にあっては、儒教の性善説がこの常識に重なり、論理的に説明するようになり、性善説としての人間観が強固なものとなっていくことになる。神に愛されているが故に、また、性は善なるが故にたとえ道にはずれても言葉で説明すれば、その誤りに気づくことができる。したがって、体罰という肉体的強制性をともなう方法が生じる余地はなかったといえよう。

一五世紀のケンブリッジ大学での教育では、教師たる資格として、厳しく鞭うつことが求められていたが、その文化は、近代にあってもなお存続していたことをイギリスの第二次世界大戦期の首相チャーチル（一八七四―一九六五）は、『わが青春記』（旺文社文庫、一九七三）で次のように記している。一八八八年一四歳で名門校ハローに入学するが、この準備のため、セント・ジェームス・スクールに通学していた折のこと。

月に二回か三回、全校生徒は図書室に整列させられると、一人かあるいは時にはそれ以上の怠けた生徒が二人の級長によって隣室に引き出され、そこでだらだらと血が流れるまで鞭で打たれるのである。その間、他の者はぶるぶる震えながら悲鳴を聞くのであった。

②早成・早熟は価値を持つのか。

また、宣教師は、日本の子育てでは、揺籃とか歩行器など道具を使わずに「自然の援助のまま」という点に着目している。中世ヨーロッパ社会では、未だ子どもは独自的存在と認識されず、共同体を担う一員であり、それ故に「小さな大人」と理解されていた。それ故に、子育て・教育は「小さな大人」を早く「大人」にすることであった。したがって成長を促す道具が使われることになる。

日本社会では、子どもは大人と異なる独自な存在と認識されていた。一二世紀に編まれた『梁塵秘抄』（巻二）で「遊びをせんとや生まれけむ、戯れせんとや生まれけむ、遊ぶ子どもの声聞けば、我が身さへこそゆるがれり」と、子どもは遊ぶ、戯れる存在とうたわれている。その純心な子どもたちの声を聞くと、大人たちは元気づけられると、子どもの存在、その遊びと戯れの意味をうたっている。遊び、戯れる子どもと労働する大人とは区別され、一二〜一五歳を前後して年齢的に区分される。したがって早く成長すること、早く大人になることが望まれたわけではない。一五年間という長いスパーンでもって、子どもから大人への成長は考えられたが故に「自然の援助のまま」の子育てであったと考えられよう。

③多産多死の社会と子宝

こうした子育て・教育にかかわる文化の相違は、子どもの生をめぐる世界に重なるものであった。キリスト教（会）は、人間の生命は神によって授けられたもの、したがって、人為によってそれを自由にしてはならないとする。したがって、その社会は多産であり、かつ生産力の低い、科学の未発達な社会では多くが死亡していく多産多死の社会となる。多産な社会にあっては、一人一人の子どもへの注目が集中することはない。子どもへの愛着・愛情が育ちにくい社会となる。他方、日本にあっては、宗教的規律は弱く、必要悪として間引きは容認されていた。したがって、西洋世界に比較して相対的には少産少死の社会であり、子どもへの愛着感情が成立しやすかったと考えられる。子宝の思想は、そうした選ばれた子どもへの愛着の表現でもあったといえる。とはいえ、同時代の宣教師達は、日本の温和な子育てという方法によって、子育てが可能になるとは理解できなかった。

二つの社会の文化の違いは、先に三点にかかわって記したように絶対的であったともいえるし、「自然の援助のまま」という自然性を自由放任と解し、そこに子育ての知恵が組みこまれている処まで見ることができなかったためでもあった。『子育ての書I』の解題論文は、こう指摘している。

これら外国人の目に映ったのは、一般庶民の育児であったろう。そして長い歴史のなかで、庶民は習俗としての子育ての方法を工夫し蓄積してきたことが、柳田國男ら日本民俗学の研究者の努力によって明らかにされてきた。それらは、ほとんど書き残されていない。育児の方法を記した書物は文字の読み書きのできる人がいない、いてもごく少数というとき、つくられたわけがない。しかしそれは村落共同体のなかで、親から子へと受けつがれていったのである。

その子育ての世界は、日本の人々にとっても必ずしも明晰なものではなく、習俗として語りつがれてきたものであった。当然のことながら、宣教師が子育てのシステムまで理解することは無理なことであった。柳田國男ら日本民俗学が明らかにした、温和な方法、自然の援助のままの子育てとは、いかなるシステムを内包していたのであろうか。

シツケから躾へ

柳田國男が一九四六年八月、戦後教育の再建を意識して書いた「教育の原始性」（『定本柳田國男集二九巻』）を読んでみたい。ここで柳田はシツケという話し言葉に着目する。彼は江戸時代の国字（日本で創られた漢字）である躾が意味する、礼儀作法を訓えるあるいは身だしなみとは異なる、日本社会で本来使用されていたシツケの意味を検討する。シツケは「本来は人を一人前にするのを意味したこと明らかなるにもかかわらず、他の一方に私たちは、現に叱られ又往々にして罰せられることをシツケだと思っていた」と、本来の意味は一人前にする、大らかな前向きに育てる方法を意味していた。にもかかわらず、近代にあって「叱られ」「罰せられる」ことをシツケ、すなわち躾だと思いこんでいる。なぜ、シツケの本来の意味が躾へ、つまり礼儀作法を訓えるが故に、出来ない場合は叱られることになり、方法として叱る、罰するを意味すると解されるようになったのか。この変容は、教育とは何かを考える上で「大切なる観点ではないか」という。

そして、「即ち今ある学校の教育とは反対に、あたりまえのことは少しも教えずに、あたりまえでないことを言い又は行ったときに、誡め又はさとすのが、シツケの法則だったのである」とのべる。つまり、シツケの法則は教（訓）えないことであり、「自分の目耳又は力を以て、この当然なるものを学ばなければならなかった」のである。したがって、叱る、罰するという方法が登場することはなかった。「誡め又はさとす」、つまり宣教師のいう温和な方法＝言葉でいいきかせるのが、シツケの方法だったという。しかるに、近代学校の成立・普及にともなって、あたりまえのことを教えるようになったがために、出来ないと叱るという方法が一般化することになったとする。

もちろん、教えないシツケの時代にあっても「精巧なる技芸」「天然現象の理解」などは積極的に教えたのであり、人間の形成は教えないと教えるという「表裏陰陽二通りの陶冶」によっておこなわれてきたと指摘する。問題は、近代日本の「知識階級」が、この「表裏陰陽二通り」の方法を「訓育の最も古風なる一方式」だと思わなかった点であるという。逆に、近代の学校万能の時代にあっても、教えられない、自分の目耳または力でもって学ばなければならないことがあるという。つまり、「知識階級」が全てを教えられるという思想によって近代の学校教育を構想した点に問題があったと指摘している。

そのあたりまえのことを自から学ぶ方法について、「地方学の新方法」(『定本柳田國男集 二五巻』)で次のようにのべている。

　教育の方面に携わる人ならば、もう夙《つと》に親しく経験せられたことであろう。以前の世の農村の教育法は、よほど今日とは異なったものであった。今の小学校に該当するものは私塾の素読や寺子屋の手習では決してなかった。年長者と共に働き又父兄などの話を脇で聴いて居て、いわゆる見習い聞き覚えが教育の本体であった。何度も何度も繰り返されて、いつともなく覚え込む言語の感覚が、主要なる学課であった。

見習い聞き覚えという方法で、あたりまえのことを自から修得したと指摘する。この方法は、当事者の主体性、主体的意欲があって成りたつものであった。したがって、シツケの教えないという方法は、如何にして子どもの前向きの意欲を引き出し、それを継続させるかを意味していた。そのために、叱るのではなく褒めること、他者の期待の目線を常に用意しておくことであった。見守り、愛情をもってよく世話（面倒）をすることであった。つまり、教えないシツケの世界は、当事者の意欲を引き出す、それを継続させるために、日常的な褒める行為とともに、他者からの評価の場として成長の節目ごとに祝いの儀式をおこなうことになる。決して、教えない、自然の援助のままとは、自由放任を意味していたわけではない。

鎖国から約二〇〇年後、開国した日本に来た西洋人は、かつての宣教師と同様に、日本の温和な子育てと子どもの伸びやかな様子を絶賛している。イギリスの外交官オールコック（一八〇九―九七）は、日本の子どもを「自然な子」と呼んでいる。理解不能であった一六世紀の宣教師と異なり、彼等は、西洋で形成された近代教育思想の視点から、日本の子育ての世界を理解することになる。その一人、カッテインディーケ（一八一六―六六、滞日一八五六―八年）は、『長崎海軍伝習所の日々』の中で、「子供らはまた、まことに可愛らしいところがある。そうして無邪気な点も幼児にはよく似合っている。それは親の子供の取扱い方によるものと思う。子供らにはよく面倒を見るが、自由に遊ばせ、さほど寒くなければ殆ど素っ裸で路上を駆けずり回らせる」と記している。「よく面倒みるが、自由に遊ばせる」日本の子育ては、「ルソーがその著『エミール』に書いているところのものと非常によく似ている」と指摘する。ルソーの人間の自然性に即した、教えず待つ、いわゆる消極教育論の視点から日本のシツケの世界を読みといている。

一六世紀中葉、日本と西洋との出遭いにあっては、温和な子育てと懲罰による教育は交わることなく、対比を鮮明に示したにすぎなかった。しかし、西洋にあっては一八世紀以後、ルソーの人間の自然性に即した消極教育論へと、近代教育思想を形成していくことになる。それ故に、幕末期カッティンディーケのように、西洋の近代教育思想と日本の子育ての世界は交錯することになる。他方、日本では、近代において、教えないシツケから教える近代学校へと移行していくことになる。温和な教育と体罰の教育は逆ベルトルの方向を、近代においてめざすことになる。それが日本社会におけるシツケ概念の変容をもたらすことになったといえよう。

ではなぜ近代日本は、教えない教育を切り捨てたのであろうか。後発して、西洋列強をモデルにした近代国家の建設のため、しかも短時間での建設のため、近代の科学技術を効率的に移入する必要にせまられてのことであった。学校で教えられる近代の知識・技術を正確に記憶することが、立身出世につながる社会を形づくっていったがためであった。

ウソと笑い

松山幸雄は『ビフテキと茶碗蒸し』（暮らしの手帖社、一九九六）で、日本社会ではユーモアの感覚が育っておらず、「ネクラ」型の文化となっているが、二一世紀は「ネアカ」型の国際人を育てなければと次のようにのべている。

日本社会を、威張ったり、しかつめらしく振る舞ったりする「ネクラ」型から、気さくで、大らかで、笑いを大事にする「ネアカ」型に変えるには、社会全体がもっとユーモアを大事にすること、とくに子供のときから、ユーモアの感覚を身につけさせるのが一番だ、という気がする。だが日本の学校の先生方は、「まじめ」という点では天下一品だけれど、笑いの価値をあまり評価してくれない。

著名なジャーナリストとして日米を舞台として活躍した松山は、豊富な体験にもとづき、アメリカの「ネアカ」文化と日本の「ネクラ」文化を比較考察している。たしかに、現代にあっては、そう比較できよう。前近代の人間形成にあっても日本は「ネクラ」であったのだろうか。柳田國男の「ウソと子供」「笑の教育」（『不幸なる芸術　笑の本願』岩波文庫、一九七九）によりながら再考してみよう。

古来、日本社会ではウソとイツワリは明確に区別されていた。共に事実ではない虚構を語るのであるが、イツワリは人を欺くこと、つまり悪事であるが、ウソは「笑い」で「遊びたい要求」にもとづくもので、むしろ人生にとって必要な技として練習する程のものであったと指摘している。ただし、関東地方では必ずしもこの区別が明確でなく、武士の進出にともなって、ウソ＝イツワリとされ共に虚構であるが故に否定排除されていくことになる。あるいは、仏教、儒教、近代以降のキリスト教の影響によって、気軽な戯れとしてのウソも、笑いを生み出す技も、「ウソつきは泥棒の始まり」として悪事とされる。柳田は、常識と正義の混同の結果、ウソは悪事（不正義）とされること、つまり道徳的教訓化の思想とともに悪事として否定されることになるとのべる。

特に近代にあっては、写実主義、事実をのべることが重視され、学校教育もそれを推進することになる。その結果、子どもの世界にあった戯れとしての笑い、ウソの世界が否定され事実をのべなさいとせまられることになる。子どものたわいもない想像力、あるいは周囲を笑わせ明るくさせる楽しみが奪われ、逆にウソは悪事なるが故に裏に回って使われることになったという。柳田は三歳の末弟と母とのウソをめぐる鮮明な記憶を記している。末弟が自から名乗り出て近所の豆腐屋に油揚を買いに出かけ、帰り道香りに誘われてその角を食べてしまう。そして母にネズミが籠に飛び込んできて食べていったのとウソをつく。そのウソに対して、普段は厳しい母がニッコリと笑って「彼のいたいけな最初の知恵の冒険を、成功させて遣ったのである」と、自然な感情のままにウソを受け入れたと記している。そして、ウソに対して、母親（大人）は、「やはり自分の自然の感情のままに、存分に笑うのがよいかと考えられる。そうすると彼らは次第に人を楽しませる愉快を感じて、末々明るい元気のよい、また想像力の豊かな文書家になるかも知れぬからである」としめくくっている。

つまり、前近代のシツケの世界にあっては、ウソは悪事と排除されることなく、むしろ、戯れとしての笑いを生み出す技として、練習すべきことがらであった。そして、人を楽しませることを覚え、明るい人間を形成することになったのだと。常識、つまりは人間の自然なおおらかな感情に即したものであったにもかかわらず、とりわけ近代の学校教育の展開によって、正義の観念の導入とともにウソは悪事として排除され、子どもの想像力、明るく生きようとする可能性を制限することになったと指摘している。

柳田民俗学が明らかにしてきた前近代の子育て・教育の世界をシツケとウソを中心にみてきた。管理的画一的な学校文化、真面目で欠陥指摘型の「ネクラ」文化は、日本に固有なものではなく、時間軸をズラした時に、異なる人間像が見えてくる。なぜ、近代社会と近代教育の普及にともなって、かくも子育てと教育の文化は変容することになったのか。この課題を深めることは、人間形成にとっての教育とは何かを考える手がかりになるのではなかろうか。もちろん、柳田は前近代への「復古」という非現実的な課題を求めているのではない。「教育の原始性」の最後で次のようにのべている。

だからシツケの歴史をあきらかにするということは、決して過去日本の生活を考えることでは無い。未来の百千年にかけて、この一つの教育法をどれだけ応用し、又効果づけるかという問題の為であり、更に現在の弱点にあてはめて言えば、是に環境だの感化だのという漠然たる名を付けて、折角千年も二千年も続き進歩している人の育成方式を何の統一も無く乱雑なもののように、速断せしめない警戒の為でもある。

シツケという教育法が近代・現代に持つ意味については、第一四章でのべることにする。

付論1　西岡常一の世界

西岡常一（一九〇八―九五）は、一九三四（昭和九）～五四（昭和二九）年にわたる法隆寺の昭和大修理に宮大工棟梁として参加する。世界最古・最大の木造建築物の解体修理にかかわって、古代の工人のすぐれた技に驚嘆し、また建築史学、考古学の専門家との議論で理論と技術の視点の違いについても実感することになる。西岡の発言は「見習い聞き覚え」という教えられない世界の存在と、〝わかる〟とは何かにかかわって示唆にとんでいる。くしくも、近代教育制度の問題点を指摘している。

木造建築を組みたてるには、寸法で組まず、木の性質で組むことがだいじなのです。どんなに良質のヒノキでも、生育の環境によって、おのおの特性があるからです。右に捩れるもの、左に捩れるもの、あるいは右に反る、左に反るといったぐあいです。この木の性質を上手に組みあわせるには、たとえば右捩れと左捩れを組みあわせて、左右の捩れの力がゼロになるようにすることです。古代の工人は、みごとにこの木のくせを組みあげています。現代では、木のくせを組むことがほとんど忘れられて、寸法的に組まれているのではないかと思います。木のくせを組むには……木とよく話しあうということをみんなにわかってもらわなければならないのです。(『法隆寺——世界最古の木造建築』草思社、一九八〇)

寸法で組む、すなわち計算して組むことは、教えられる世界である。しかし、木造建築の神髄である木の性質の見極めは、決して教えることはできない。それは、木とよく話しあって、一人一人の工人が自分で獲得するしかない。現代の木造建築の工人は、木の性質で組むことを忘れているのではないかと。

彼は祖父から後継者となるべく、小さな頃から鍛えられる。彼は長い回り道を経て、木と話しあうことの意味を理解する(わかる)ことになる。小学校修了後、当然のこととして、彼自身も彼の父も大工の棟梁になるためには、工業学校に進学するものと考えていた。ところが、祖父は、農学校への進学を命じる。不本意入学の西岡は、当初は意欲もわかず成績も下位を低迷する。やがて、知識・技術の使い方によって収穫量が大きく変わることに興味を持ち、優秀な成績で卒業する。卒業後、祖父は、一反半の田を与え、米づくりを指示した。農学校で学んだ知識・技術を駆使し、米づくりに励むことになる。ところが収穫量は三石しかなく、普通の農民なら一反当りの収穫量であり、彼自身が驚くことになる。「これは、どういうことやと思う?」と祖父はたずねる。彼は「わかりません」と答えるしかなかった。そこで、祖父は次のように話す。

「おまえは、稲を作りながら、稲と話し合いをせずに、本と話し合いをしていた。稲と話し合いできる者なら、窒素、リン酸は知らなくても、今、水をほしがっとるんか、今、こういう肥料をほしがっとるちゅうことかが、分かるんや。本と話すから、稲が言うこときかんのや」

そして、「これからいよいよ、おまえも大工をするんやが、大工もその通りで……」と話が核心に入った。

「木と話し合いができなんだら、本当の大工にはなれんぞ」

――木と話す。これだったのである。そのことを体得させるために祖父はわざわざ、私に農業の修業をさせたのであった。

……そして回り道のように思えた私の一つの修業は完了した。(『宮大工棟梁・西岡常一「口伝」の重み』日本経済新聞社、二〇〇五)

木と話すことの意味をわからせるため、つまりは「体得」させるための農学校進学であったことを彼は理解することになる。「木と話す」意味を言葉で伝える、教えることはできない。それは、自らの身体感覚をともなって「体得」する以外に方法がないことを、祖父は、また自らの経験によって知っていたがためであった。寸法で組むことを教える工業学校ではなく、木の性質を組むことを理解させるための農学校進学であった。こうして、「木と話す」ことにかかわる一つの修業は完了することになる。

付論2　〝わかる〟ということ

「知る」から「わかる」へ

一九九八年改定の学習指導要領は、「知識基盤社会」に対応する生きる力の形成を課題にかかげている。二〇〇八年の学習指導要領も、この「生きる力理念」を継承し、その理念の明確化と具体的な実践方法を示している。その意味で、現代の学校教育の内容・方法は知識基盤社会という歴史認識と、それに対応する生きる力理念がキーコンセプトになっているといえる。

この生きる力理念は、二一世紀を知識基盤社会と規定し、それに応じた学力概念を提示するOECD（経済協力開発機構）の動向に重なるものであった。OECDは、一九九七年から新たな学力調査プログラムの開発に着手する。そこでのキーコンセプトが知識基盤社会とキーコンピテンシー（主要学力）であった。知識基盤社会とは、知識・情報が圧倒的に重要な役割を果たす社会・経済を意味する。そこでは①知識・情報には国境がなく、ボーダーレスな社会であること、②知識・情報は、日々更新される社会であること、③新しい知識は、旧来のパラダイム（思考認識の枠組）の変革を求める社会であること、④性別・年齢を問わず、広凡な人々の参加が可能な社会であること、とその特徴は説明される。こうした、知識・情報が日々更新され、認識枠組の変換が求められる社会・経済では、既成の知識・技能・情報の獲得を中核とする学力では対応できない。そこでは、少ない獲得した知識を活用し、課題を発見し、方法を工夫し、行動しうる主体的かつ継続する力が求められることになる。それを、OECDは、キーコンピテンシー、つまり、知識・技能を活用して、複雑な社会に対応し続けることができる力と規定している。一九九八年学習指導要領は、このOECDの議論を受けて（先取り）、生きる力と新たな学力概念を提示したことになる。それに対応して、自から課題を発見し、方法を思考し、主体的に活動しうる問題解決型の学習を追求することになり、総合的な学習の時間が創設されることになる。

しかし、皮肉にも、OECDのPISA学力調査の結果、いわゆる二〇〇四年PISAショックに襲われることになる。つまり、二〇〇三年調査で数学的リテラシーが前回二〇〇〇年調査の一位から六位へ、読解リテラシー（読解力）が八位から一六位へと後退し、学力低下問題として社会的関心を集めることになる。いわゆるゆとり教育批判が展開される。ゆとり教育とは、一九七七年学習指導要領で掲げられたスローガンで、教科内容と時間数を削減し、ゆとりの中での自発的学習活動への転換を課題としていた。以後、生きる力理念として定式化され、総合的な学習時間につながる出発時のスローガンがゆとりであった。それ以前の要素的、断片的知識の記憶を中核とする要素的学力観から、個々の意欲・関心という態度へ評価軸を移す新しい学力観への転換をはかるものであった。この転換によって、教科の基礎・基本の学習が軽視され、PISA学力調査での順位下降になったと社会的に批判されることになる。知識の主体的な活用というPISA型学力を課題としたゆとり教育の結果が、PISA型学力調査での順位下降であった。この逆説的結果についてこそ、検討されるべき課題であった。

にもかかわらず、形式的にゆとり批判に応えつつ、二〇〇八年学習指導要領では、PISA型学力観にもとづく生きる力理念を継続し、その理念の明確化と、実践方法の具体化を提示することになる。まずは、ゆとり批判に対応して、総合的な学習時間を削減し、その分教科の学習時間を増やすことになる。次に、生きる力理念の具体化がはかられる。二〇〇六年の新教育基本法の第二条〈公共の精神、生命や自然の尊重、伝統や文化の尊重、我が国と郷土を愛すること、国際社会の平和と発展に寄与すること〉を受けて、生きる力の目標が具体的に規定される。それに応じて、道徳教育、特別活動の重要性が強調されることになる。と同時に、生きる力とは「将来の職業や生活を見通して、社会において自立的に生きるために必要とされる力」と実態的に定義されることになる。

そのための具体的実践方法として、観察・実験、レポート・論文作成による知識・技能を活用する学習活動、それを支える言語活動と体験学習の重要性が強調されている。特に言語活動の「話すこと、聞くこと」「書くこと」「読むこと」「表現すること」「発表や討論すること」が各教科にかかわって重視されているのが特徴的である。

ＯＥＣＤのＰＩＳＡ学力調査は、キーコンピテンシーを各領域別に具体化して、数学的リテラシー、科学的リテラシー、読解リテラシーとリテラシー概念を促え直し、新しい概念として導入している。リテラシーは、その社会で求められる、生活するに必要最小限の読み書き能力という概念で使用されてきた。ＰＩＳＡ学力調査では、リテラシーは「この語の従来の使用法についての重大な変更を表しています。つまり、リテラシー能力の低い人々が、目標を達成し、その潜在的な知識を発達させていく、またそれが継続されている、その概念に関する評価法を確立しようとするもの」と、評価概念として再定義している。数学的リテラシーとは「生徒が様々な状況において数学的課題に対して回答を提示し、定式化し、解決し、それを解釈するように、概念を有効に分析し、推論し、他者に伝達することのできる能力」と、科学的リテラシーは「単に自然界を理解するためではなく、自然界に影響を与える意思決定に参加するために、科学的知識とプロセスを使用する能力」と定義している。獲得している知識が少なくとも、現実に活用しうる能力――伝達する、参加する――をリテラシーと表現している。

二〇〇八年学習指導要領では「表現すること」「伝えあうこと」「説明すること」「発表・討論すること」の能力形成が課題となっている。これはＰＩＳＡのリテラシー概念と共通しているといえよう。数学的知識、科学的知識を課題に応じて使用できること、伝えることができることは、知識を理解して、はじめて可能になる。その意味では、リテラシーは、その知識・技能を理解する、わかることを意味することになる。要素的・断片的な知識の記憶ではなく、総体としてその知識を理解する、わかることを意味しているといえる。

大江健三郎は「知る」と「わかる」のエッセイで、「「知る」から「わかる」と進むことで、知識は自分で使いこなせるものになります」と「わかる」という段階において、自由に主体的に使いこなせるのだとのべている（『「伝える言葉」プラス』朝日文庫、二〇一〇）。つまり、キーコンピテンシー、リテラシーというPISAの概念、学習指導要領の「表現する」「伝える」という方法は、「知る」から「わかる」へと認識を深めることを評価の視点にしているといえる。大江は、柳田國男のまなぶ（知る）から覚える（使いこなす）、そして、さとるの三つの段階をなぞって、「「わかる」の先にも「さとる」があるように思います。それは知ったことを自分で使えるようにすることから、すっかり新しい発想に至ることです」と「さとる」を説明する。「知る」から「わかる」そして「さとる」へとつないでいくのが教育であると主張する。「わかる」で、しっかり身につけ、それを「表現する、主張する、代弁する」、それが知識人だとのべている。「わかる」（「わかった」）という固定観念を突き動かすのは、新たに「知る」ことであり、「知る」と「わかる」の往還を教育と、そのための方法を「読み直しつづける」ことと表現している。

「わかる」ことと表現すること、伝えること

ここで問題となるのは、PISAのリテラシー概念、学習指導要領の生きる力理念が課題とする知識・技能を活用する力としての、発表する、表現する、伝える力が、「わかる」こととして意味づいているかである。知識・技能を現実の課題に活用する場合、その知識・技能をわかって、つまり、しっかりと身につけて使用しているのかである。

PISA型学力論、リテラシーを批判的に検討する柴田勝征は、科学的リテラシーが科学的思考力と結びあわない点から、リテラシー概念の問題点を指摘している。二〇〇六年のPISA学力調査、科学的リテラシーにかかわる「問一」を例として検討している。問一は、二つのグラフ――一四〇年間の地球温度の変化のグラフとCO_2排出量のグラフ――から、太郎は、地球温暖化の原因は、CO_2の排出量の増大だと結論づけた、その理由を問うものであった。正答は、二つのグラフの線形が類似しているからとなっている。柴田は、この問いと答えからは、課題を解決するために科学的知識を使用しうる能力という科学的リテラシーの測定は不可能である、なぜなら、単に二つのグラフの線形が類似していることを指摘しているにすぎない。科学的リテラシーは、本来、科学的知識によって、二つの関係性の因果関係を考え、説明しなければならない。グラフの形の類似の指摘は、二つの現象が照応していることの説明にしかならない。なぜ、CO_2排出量の増大が地球温暖化の原因になるのか、不問にされている。問題の建て方をかえれば、地球温暖化が、CO_2排出量の原因になることに

なる。つまり、PISAの科学的リテラシーは、科学的知識（情報）の理解（わかる）＝科学的思考力とは無関係な、与えられた情報の読み方のみを問うにすぎないと指摘する（柴田勝征『フィンランド教育の批判的検討——学力の国際比較に異議あり』花伝社、二〇一二）。

「液体の温度が高くなると、気体を含むことのできる上限値が小さくなる」＝科学的法則＝知識。この科学的知識を理解していれば、地球温暖化がCO_2排出量増大の結果ではなく、逆にCO_2排出量の増大は、地球温暖化の結果と説明することができる。こう説明できて、科学的リテラシーということになる。このように、リテラシーと表現することによって、伝える、発表することと、「知る」から「わかる」へのつながりが分断され、伝える、発表する結果に力点がおかれることになる。改めて、リテラシーをわかることと表現し、発表することとのつながりが問われなければならないといえる。

文化としての学力問題

PISA学力調査の読解力（読解リテラシー）を検討した神原敬夫は、日本の生徒の無答率の高さについて、「なんでも良いからとにかく書け」という主張には賛成できず、「無答が決して悪い傾向であるとは思いません」とコメントしている。「現実の課題に応用する能力」として、読解リテラシーは、求められる問に、イエス、ノーで答えることを要求している。イエスといえるし、ノーともいえると慎重に思考する場合、簡単に答えに行きつきにくいことになる。それを、「日本だけに特異な、自信のないことについて自分の意見をなるべく言わないという日本人の恐ろしい心性」とネガティブに捉えるのか、「思慮深く、慎重なメンタリティー」とポジティブに捉えるのか、その社会の文化にかかわる問題だと指摘する（「ＰＩＳＡ型リテラシーの解析」http://ww1.rsp.fukuoka-u.ac.jp/kototoi/igiari-2.pdf)。

この論点にかかわって、大江健三郎は「本をゆっくり読む法」（『「新しい人」の方へ』朝日新聞社、二〇〇三）で、アメリカの大学での経験を踏まえ、日本の精読主義とアメリカのインデックス主義の文化の違いによる「読む」こと、理解することの差異を次のように記している。

私もニュージャージーの大学で一年間、正式に講義を受け持ったことがありました。まず「シラバス」という授業の内容をあらかじめ学生たちに知らせる文章を書く必要があります。その準備に、一体どのような本を、どれだけの量、学生に読ませるのか、同僚にたずねました。しかし、どうしてもそれだけの量は無理だとおもったので、授業が始まってから、その教授のクラスに出してもらい、学生たちの了解をえたレポートを読ませて貰いました。

そして、私は感心しなかったのです。真面目で優秀な学生の集まっている大学ですし、なによりも努力する気持ちを持っている人たちでした。しかし、クラスで討論する学生が、題材にする本を初めから終わりまで読んでいるのではないのです。アメリカの大学の出版部から出ている専門書には、くわしい索引がついています。それを頼りに、クラスで話題になりそうなところだけ読んでいるように見えました。

私の力では、一週間ぶっつづけて読んでも、英語の専門書を一冊がいいところです。

これは、名の知られたニュースキャスターが、アメリカの大学院での学びについて、毎週ジャーナリズム論の大きな本数冊を読んで、討論をし、レポートを書いたとの経験談にかかわって書かれたものである。その著書の全体の構造を理解することなく、話題になりそうな点にかかわって、必要な部分を読む、こうした読み方、討論の仕方に大江は違和感を持ったと書いている。PISAの読解リテラシーのみならず、リテラシー再定義の意味を問う視点が示されているといえる。「知る」ことから、しっかりそれを身につけた「わかる」へのつながりを問うことなく、与えられた知識・情報を現実の課題に使用し、答えを求めるキーコンピテンシー、リテラシー論の落し穴をそこに見ることになる。

哲学者鶴見俊輔は、『教育再定義への試み』（岩波現代文庫、二〇一〇）において、教育を全体（total）とまるごと（whole）の視点で捉え直すことを主張する。要素的、断片的な知識の記憶の量と正確さにもとづく、全体の中での位置を評価の基準とする教育認識を批判する。もちろん、PISA型リテラシー論、二〇〇八年学習指導要領の生きる力理念は、全体の中での位置を評価の基準にすることを批判し、その活用、したがって個別性（個性）を重視している。しかし、先に見た如く、与えられた情報を課題に即して読み解き、発表する、表現するという学力観が、結論のみを評価基準にする落し穴におちる可能性をはらんでいることに留意しなければならない。

鶴見は、「まるごとというのは、そのひとの手も足も、いや指のひとつひとつ、においをかぎとる力とか、元気をよみとる力とか、皮膚であつさ、さむさ、しめりぐあいを捉える力とか、からだの各部分の五感に、そしてそのひと特有の記憶のつみかさなりがともにはたらいて、状況にとりくむことを指す」と、定義する。五感と「そのひと特有の記憶」の重なりの中で、人々は「状況にとりくむ」、つまり現実の課題に対応するが故に、その判断・行為＝「わかる」ということは、個別的、鶴見はそれを「私的信条」と表現するが、それと一体のものだという。そして、その「わかる」＝「私的信条」は、相互に有機的関係をもって全体的に機能するものだということを、宮本常一の「子どもをさがす」（『忘れられた日本人』岩波文庫、一九八四）を例に説明している。

一九六〇年頃の周防大島でのこと、テレビのない家の子が近所にテレビを見に行く。帰りが遅いといって叱られ、子どもは家を出ていく。夕飯時になっても帰ってこず、家人が騒ぎ出し、村人が各方面に子どもを捜しに出かける。実は、子どもは押入れの中に隠れていて、そこから現れることになるのだが。ここでの問題は、「Aは山畑の小屋へ、Bは池や川のほとりを、Cは子どもの友だちの家を、

Dは隣部落へという風に、子どもの行きはしないかと思われるところへ、それぞれさがしにいってくれている。これは指揮者があって、手分けしてそうしてもらったのでもなければ申し合わせてそうなったのでもない」(宮本、前掲書)と、個々の判断で行動し、それが全体として有機的に機能していることである。それは、個々の村人が、それぞれの方法で子どもを「まるごと」理解していたからではなかったかと鶴見は指摘する。他方、道にたむろして、子どもがいなくなったことを中心にしたうわさ話に熱中し、行動をおこすことのなかった一群の人々がいたこと。それが、村外から移り住んでいる「知識人」であったと鶴見はのべる。

「そのひと特有の記憶のつみかさなり」とともにまるごとわかることが存在する以上、それは、個別的に、個々の私的信条に根ざすことになり、かつ、それ故に全体的に機能すると鶴見はのべる。森有正(一九一一―七六)は、人間の個別性と連帯・協同の関係について、経験が持つ不可知論の視点から説明している。

すべて本当のものは「もどかしい」ですよ。未知の部分が含まれているのですから。ヨーロッパでは、フランスの思想は特別な魅力を持つ。ベルグソンとか、パスカルでもドイツのような概念哲学になってない。という意味は、彼らが経験の上に立っているから、未知の部分を認めざるを得ないわけです。彼らのいっている学説が非常に魅力があるのは根本的には、一つの経験におけるアグノスティズム（不可知論）に立っているからだと思うのです。経験というものの根本の性格の一つは、このアグノスティークということであり、それはまた同時に、自分のイデオロギーを人に押しつけてはいけない、また人の言うことを盲信してはいけない、という根本の理由になっているのです。すべての人は、闇と光の交錯しているこの経験の上に、原初的に立っているのです。闇の部分は、ある他の人には、光になっているかもしれないのです。だから自分の光だけでもって、他の人の光を消すようなことをしてはいけないということがあるわけです。なぜ一人一人の人間を大切にしなければならないかという根本的な理由は、そこにしかない。神様の子どもだから大事にしなければならないということはもう通用しないでしょう。それだったら、「経験」というものの根本的に持っている一種のあいまい性、薄明性全部を包括できないという極限的あるいは未完結性、そういうふうなものを全ての人が持っていて、しかもそれがお互い重なり合っていないから、お互いに尊重しあって、全てが明るくなって平等に生きてゆけるような社会になりたい。そういうことがあるから、一人一人を尊敬しなければならないし、大切にしなければならないということが出てくると思うのですよ。（森有正、小田実『人間の原理を求めて』筑摩書房、一九七一）

大江の「知る」から「わかる」へ、鶴見の「全体」から「まるごと」へ、それは、「その人特有の記憶のかさなり」＝経験を媒介にして展開していく。この、経験と知識と情報の関係について、丸山真男（一九一四―九六）は、福澤諭吉の使う「聡明叡智の働き」という用語にかかわって、次のように説明している。一番下の土台となるのが叡知（wisdom）で、これは知識・科学学習の程度と併行しない生活の、庶民の智恵。その上に知性（intelligence）、つまり、理性的な知の働きがくる。この叡知と知性を土台にして、情報（information）を組み合わせた知識（knowledge）がくる。福澤のいう「聡明叡知の働き」とは、この叡知と理性の土台を意味しているとする。情報とは、イエス、ノーで答えられる「物知り」のレベルであり、叡知・理性の働きにより、その情報の持つ意味、相互の関係性を認識できるレベルを知識と説明している。

そして、丸山は、現代の「情報社会」の問題性を「現代の「情報社会」の問題性は、このように底辺に叡知があり、頂点に情報が来る三角形の構造が、逆三角形になって、情報最大、叡知最小の形をなしていることにあるのではないでしょうか」と指摘する。それ故に、情報最大・叡知最小の「秀才バカ」は「複雑な事態にたいする判断力は最低です」とのべている（『文明論之概略』を読む（中）』岩波文庫、一九八六）。

「知る」から「わかる」へ、「全体」から「まるごと」へ、「情報」から「知識」へ、それは、叡知（経験）・理性という土台があって、つながっていくことになる。「わかる」ということについて、宮大工の西岡常一が祖父から「木と話す」ことを教えられ、学んだのは、その方法が土台に根ざしたものであったが故に、使いこなせる知識となりえたということであったといえる。教えるという営みは、叡知・理性を育むことにともなって成り立つことであった。

第五章　教育と学校の思想

西洋の近代教育思想にインパクトを与えたルソーは、『エミール』で、「貧乏人には教育はいらない」とのべている。貧民に対する教育機会を否定したのではない。ルソー一流の逆説的表現で、現実の教育の不毛を告発した表現である。つまり、ラテン語学習中心の暗記主義の教育を批判し、貧困と闘い、生きるために日々努力する営みの中に、人間を形成する力が本来備わっていることを指摘している。ルソーの影響を受けて、近代教授学の世界を切り開くペスタロッチ（一七四六―一八二七）も「困窮と窮乏との中にある人間は、パンが与えられるまでは、否でも応でも忍端と努力とをもってその中を駆けずりまわらなければならない。……すなわち、人間に教え込まれるすべてのことは、その知識やその機能が修業時代のこの汗で築かれるのでなくては、その人間にとって役に立つものにはならない」（『リーンハルトとゲルトルート』（一七八一―一八七）、『ペスタロッチ全集』三巻、平凡社、一九五九）、と生きるために流す汗をともなってこそ、役にたつ知識・技術は身につくのだとのべている。ペスタロッチは自伝『白鳥の歌』（一八二五）（全集一二巻）で、その教育観を「生活が陶冶する」（Das Leben Bildet）と表現している。

生活・労働の過程の中で、人間の形成がおこなわれる。この教育思想を学校改革の原理においたのが、ペスタロッチであった。ということは、歴史的には制度としての教育機関として成立する学校は、生活と労働の場から切り離された、文字文化を学ぶ空間として存在したことを意味している。

学校schoolの語源はギリシャ語のscholē（暇）であった。労働から解放された市民（支配層）が、文字文化を学び、人間・社会・自然についての認識を深める、あるいは、統治の術を学ぶ場として学校は成立する。文字記号によって、観念的世界を構成し、人間の存在、生きる意味を探求することになる。その限り、生活・労働の現実が規制する人間形成の営みとは隔絶した空間であり、それを学ぶことは統治の術を必要とする限りにおいて必要とされることになる。したがって、学校での学びは人間の社会的地位の上昇に結ぶことによって実質化することになる。西洋中世にあって、それは身分としての学びであり、西洋共通語としてのラテン語という日常語とは異なる言葉の獲得を前提としていた。それ故に、子どもにとって、それは強制をともなう体罰とともに存在することになる。

第四章でのべた体罰とシツケの世界、西洋と日本の子育て文化の比較は、学校での人間形成と生活の場での人間形成という異なる歴史段階での比較であったといえる。ここでは、学校教育と日常生活での人間形成の関連構造を視点に、西洋と日本の教育の思想の歩みを考えてみることにする。その

教育史における時期区分の構想

A　教育システムの中にSchoolを持たない社会

B　教育システムの中にSchoolを持つ社会
- a　Schoolがエリートの教育にのみ機能する社会
- b　Schoolが多様化し，かつ，広範囲に普及し，民衆の学習にまで機能する社会
- c　School Systemの考え方が現れる社会

C　教育システムの中にSchool Systemを持つ社会
- a　Schoolのシステム化が始まった社会
- b　School Systemが機能しはじめた社会
- c　教育システムの中でSchool Systemが圧倒的に機能する社会

D　教育システムの中に，新たな学習の場，チャンネルが多様に成立し，機能し，School Systemが相対化された社会

入江宏「教育史における時期区分試論」『日本の教育史学』第34集、2001

際、入江宏の「教育史における時期区分の構想」、すなわち社会における学校の登場とその機能、制度化（システム化）による区分論が参考となる。宣教師が比較社会史的に記述した体罰とシツケは、西洋のBaからBbへの移行期、つまりエリート教育のスクール的世界が民衆的世界にも拡がっていく時期であり、日本にあってはBaの段階でスクールが存在するもエリート養成に機能することもなく、民衆世界に未だ拡がりを持たない時期とその局面を異にする比較であったといえる。日本において体罰が社会問題化するのは、Ccの段階、「教育システムの中でSchool Systemが圧倒的に機能する」社会になってからであった。何故に、西洋中世のスクール文化としての体罰の世界が、西洋近代に向けて批判され、克服されることになるのか。他

方、シツケのあの穏やかな子育て文化の日本社会は、なにゆえ近代化とともにスクールシステム中心に、そして、「体罰」を容認する文化へと逆の道を歩むことになるのであろうか。まずは、日本の教育の思想を文字文化との関係から概観してみよう。

文字文化と学校の成立

漢字という文字は、中国大陸で約三五〇〇年前に生み出される。文字の発明にともなって、生活・労働を離れた学びの世界が現出することになる。生きるための術を超えた、精神的価値の探求としての文明が生まれる。『孟子』は「夏《か》のときには校といい、殷《いん》のときには序といい、周《しゅう》のときには庠《しょう》といい、学というは則ち三代これを共にせり。みな人倫を明らかにする所以なり」とのべている。時代によって施設の名称は異なるが、共に「人倫を明らかにする所以」を課題にしていたという。周の滅亡後の春秋戦国時代、人間の本性の探求をめぐって、諸子百家の時代となる。孔子・孟子の性善説、墨子（前四五〇―三九〇？）の兼愛説、荀子（前三一三？―二三八？）の性悪説が唱えられるが、漢帝国の成立にともなって、儒学が正統の学として奨励されることになる。ついで、隋・唐の時代に科挙制度が創出され、官吏養成のシステムの確立とともに儒学的教養が必修の科目となる。中央に国史監（大学寮）が、地方に府学・州学・県学が置かれ、科挙に合格し、中央の官僚になるコースが明示される。近代の清末、一九〇五年まで科挙制度は存続する。

多民族によって構成される帝国の支配のためには、共通の言語としての漢字と儒学思想による統一が求められた。その漢字文化・儒学を獲得した官吏を科挙という試験制度によって選抜し、行政権限を委ねることになる。それは、形式的には民族・身分に捉われることなく、能力＝試験合格が唯一の条件となっていた。こうして、文字文化の成立にともなって、精神的価値と行政能力の形成のために学校が登場する。文字文化の獲得が立身出世に結ぶことによって学校での学習をドライブしていくことになる。

この点は、西洋世界においても同様であった。ラテン語という非日常的言語にして、西洋キリスト教世界の共通語を獲得し、精神的価値としての神学、あるいは政治・行政の術としての法学を学ぶことが、身分と社会的地位を保証することになる。学校は、ラテン語及びそれにともなう文化を学ぶ処として成立している。したがって、生活の必然性にもとづかないが故に、体罰という強制的方法を学校はともなうことになる。エリート養成の学校の歴史が脆弱な日本社会にあって、学校教育の意味は異なる価値を持つことになる。その点を次にみてみよう。

律令制と貴族

日本の学校の起源は、古代律令国家におかれた都の大学寮、地方におかれた国学に求められる。大学寮の起源は『日本書紀』天智一〇年（六七一年）の条に見える「学職《ふんやのつかさ》」にあったと考えられている。律令の整備にともなって大学寮も整えられていく。特に七〇一年の大宝令の学令の規定はその画期となるものであった。ところで、何故に大化改新（六四五年）後、天智天皇の時代を経て学校が成立をすることになったのであろうか。

日本社会は非文字の社会であり、音声言語によるコミュニケーションの社会であった。古代社会の政治的統一の進行にともない、政治的空間は拡大し、音声言語のみによる統治は困難となる。書記言語による伝達を必然化していく。また、中国大陸との交流にともない、漢字文化圏の一翼を担う古代社会は、漢字文化に権威性を感じ、支配層は自らの正当性のためその受容につとめることになる。漢字文化は、当初、渡来人の氏族集団（史部）が担い、外交文書、財政管理をおこなっていた。文字の獲得継承は閉鎖された集団内でおこなわれていた。しかし、六四五年の大化改新以後、唐をモデルにした律令国家をめざす政治体制下にあって、氏族関係内教育に代わり、国家の官人＝官吏養成が必要となり、大学寮・国学が設けられることになる。ところで文字は伝達のツールとしてのみ存在するわけではない。当然、それは表記された体系的知識、文明をも運んでくる。漢字文化の伝来は、儒学と仏教という二つの思想体系をもたらすことになる。以後、日本社会における学校と文字文化は、二つの思想体系の交錯する中に存在することになる。

唐の政治体制をモデルにした律令国家は、儒学を人倫の価値とし、それにもとづく国づくり人づくりをともなうことになる。大学寮は明経道（儒学）を正科に、明法道（法）と文章道（漢詩文）、それに算道を主たる教育内容とした。律令国家の官吏に求められるのは、国家財政の確立（収納体制）のための術とそれを可能にする民衆教化（政治理念の具体化）の能力であった。儒学はいうまでもなく現世の人間関係の規範をとくものであり、儒学の受容にともなって、「孝子」（父母に孝をつくす）、「順孫」（祖父母に孝をつくす）、「義夫」（妻の死後再婚しない）、「節婦」（夫の死後再婚しない）が、価値として褒彰されるようになる。

大学生は、五位以上の貴族と史部の子弟、国学は郡司の子弟を対象とした。入学年令は一三〜一六歳で、およそ九年を上限に学習し、成績に応じて太政官に推挙される。試験による任官を貢挙《くこ》とよんだ。最難関の試験＝秀才に合格すると正八位に任じられる。貴族の下位ランクからのスタートとなる。この秀才試験の及第者は二〇〇年で六五名とされる。それにして、正八位からのスタートであり、それ故に、大学寮は官吏養成システムとして充分な役割を果たすことはなかった。貴族は別途に「蔭位制《おんいせい》」によって、五位以上の貴族は一定の官位を世襲できたため、大学寮は中・下級の官吏の養成にとどまることになる。ちなみに秀才の及第者に与えられる正八位は、正五位の嫡子には自動的に授けられることになる。その結果、藤原氏の抬頭と摂関政治体制にともなって、大学寮の能力による官吏養成機能は一〇世紀には衰退していくことになる。

有力貴族が官位を独占することにともなって、能力による官吏選抜機能は失われていくことになる。中国にあっては、「皇帝の官僚」として、行政官は登用され、科挙による官人が皇帝権力の下で行政を執行する。そこでは民族・門閥を超えた「普遍的」な儒学という教養が問われるにすぎなかった。唐をモデルにした律令体制は貴族政治に転化し、貴族が政治と行政の権力を一元的に支配することになる。つまりは、エリート養成の機能を持つ大学寮は、日本社会において定着することはなかった。能力に上位する門閥の支配が、日本の学校文化を「家学」化していくことになる。文字文化は、文字の持つ普遍性にともなって、学校という場を通して階層内に、あるいは階層を超えて開かれていくのが一般的である。しかし、日本社会にあっては、その「普遍性」は有力貴族の一門内にとどめられていくことになる。「家学」化は、大学寮教官職の世襲化によって進行し、私物視された官職の固定にともなって、「学問」そのものも私物化されていくことになった。たとえば、明経道は中原氏、清原氏に、明法道は坂上氏、中原氏に、紀伝道（文章道）は菅原氏、大江氏に固定され、それぞれの独自な音読・訓読法（漢文読書法）が、「家学」として継承され権威化されることになった。

貴族は、儒学的教養ではなく、独自の貴族文化としての「三船の才」（詩歌管弦の道）に統治の正当性、文化的権威を求めることになる。教養の中心は明経道（儒学）から文章（紀伝）道に移っていく。貴族文化は上下区分を秩序原理とする儒学から、天地自然を歌う「詩歌の才」に移っていくことになる。大学寮の官吏養成機能が不充分だとしても、なお有力貴族は、一門の繁栄のため、大学寮に子弟をおくりこもうとする。そのため、九世紀には大学寮とは別に、準備教育及び大学寮での学習のために私的施設を設立する。藤原氏の勧学院、王氏（皇族出身）の奨学院、和気氏の弘文院、橘氏の学館院が有力であった。やがて、これらの私的施設は大学寮附属機関（別曹）として認められることになる。大学寮出身とは別に、別曹出身者には試験によらない推薦任用の特権が与えられることになる。一族の子弟に「三船の才」を中心にした教育をおこなう「私学」として機能し、大学寮の官吏養成機能を崩していくことになった（久木幸男『日本古代学校の研究』玉川大学出版部、一九九八）。

仏教寺院と文字文化

儒学に伴う文字文化の普及の停滞に対して、仏教寺院が文字文化の普及を担うことになる。古代国家は、鎮護国家の理念・方法として、仏教を受容していた。七四三年の大仏造営発願を象徴に、東大寺を初めとする官寺が建立される。僧侶は中国大陸の文化を修めた知識人であり、宗教的行事のみならず、医学、土木用水等人間生活全般にかかわる先進的技術の獲得者でもあった。東大寺は最高の学問所であり、仏教哲学を中心に先進の知識・技術を教育する機関でもあった。

官僧養成の一端を最澄（七六七？―八二二？）の「山家学生式」（八一八）にみてみよう。当初、官僧（国家が正式の僧として認めた者＝国家公務員）の養成は、東大寺を初めとする南都の大寺が占有していた。最澄は、遣唐使の一員として中国大陸で、当時の新仏教である天台宗を学び、帰国後比叡山に延暦寺を開き、後に戒壇の設立を認められ官僧を養成することになる。その理念・方法を記したのが「山家学生式」であった。最澄は一二年間の学問修業の後に、国宝、国師、国用に任じるとしている。「能く行い能く言う」を国宝とし、山中に残して後継者の養成にあたらせる。「能く言いて行わざるは」国師とし、「能く行いて言わざるは」国用として、地方に派遣するとした。国師・国用は、仏教を講じるだけではなく、「まさに国裏の池を修し溝を修し、荒れたるを耕し崩れたるを埋め、橋を造り船を造り、樹を植え苧《からむし》を植え、麻を蒔き、井を穿ち水を引きて、国を利し人を利するに用ひんとす」、と民衆の生活向上にかかわる事業を展開するとしていた。

この民衆教化、民衆の福利厚生を一層押し進めたのが、同時期、唐に渡り、真言宗を修め、高野山に金剛峰寺を開いた空海（七七四―八三五）であった。彼は京都に庶民の教育機関として「綜芸種智院」を八二八年に設立している。空海が各地の灌漑施設の建設にあたったことは、今に伝わる伝承に象徴されていよう。仏教は、現実の民衆の苦しみを宿命と認めつつ、努力によって「幸福」を掴むことができること、そのための知識と術の修得を説き、民衆の支持を集めていくことになる。生きるための知と術にかかわって、寺院は、そして官僧ならざる多くの私度僧（高野聖等）の存在は、民衆の教化と学びの世界を豊かなものとしていった。

武士の世界と「寺子屋」の系譜

土地を公地とする班田制の律令体制が崩れ、土地私有の名田制の成立にともなって、在地の実効支配権を持つ有力名主、農民層は、武士として戦闘能力を獲得していく。武士は支配権の確立にともなって、都の既存支配層との交流のためにも文字文化を必要とすることになる。その求めに応じたのが、各地にあった寺院である。寺院は、武士の子弟を一一～一二歳まで稚児として預かり、文字文化を教えることになる。この寺院の世俗教育が文字文化の普及を全国的なものにしていくことになる。後に、寺子屋という庶民の学習機関に入ることを「登山」と称することになるのは、寺院が多くは山地にあり山号を掲げていたことにあった。

ところで、後に、近世の庶民の教育機関は「寺子屋」と称されることになるが（現代は手習塾と表記される）、その名称と概念をめぐって、昭和初頭（一九二九年）、石川謙（一八九一―一九六九）と高橋俊乗（一八九二―一九四八）の間で論争がおこなわれている。石川は、文献上、寺子屋、寺入、寺子の呼称が登場するのは一六九五（元禄八）年以後であること。幕府の公文書では手跡指南、手習指南と記されていること。寺子屋の名称が一般化するのは一八八三（明治一六）年からの『日本教育史資料』の調査報告書にともなってであることを指摘する。つまり、石川は寺子屋の名称は必ずしも中世の寺院の世俗教育に起源を持つものではないと主張した。対して、高橋は寺子屋の呼称にこだわる。それは中世の寺院の世俗教育――文字文化を教育せんとする意思――に、文字教育の起源を求めていたためであった。石川は中世寺院の世俗教育を含め、近世に多様に展開する「庶民の教育機関」を寺子屋と仮に称したにすぎないという。この相違は両者の教育史認識の違いによるものであった。石川は、学校の歴史は文字文化の量的拡大、普及、そしてそれは必然的に合理的な方法の開発をもたらす、そのプロセスの解明に視点をおき、近代学校の成立に連続していく学校史を描くことになる。高橋は教育せんとする精神の解明を課題とし、寺院・仏教の役割、その精神性に着目し、寺子屋の名称にこだわることになる。したがって、近代化を課題とする近代学校と前近代の学校は精神性において不連続な存在であったと認識していた。

話が脇道にそれた。中世武士世界と文字文化の話に戻ろう。武士の文字文化の獲得は、統一的なエリート養成のスクールの設立に向かうことはなかった。武士団は、土地の私有とその拡大をめぐる対抗的存在であった。中世の寺院教育を学校（大学）になぞらえたのは西洋から渡来した宣教師であり、スクールシステムの導入をはかろうとしたのも彼らであった。彼らは下野国足利の鑁阿寺《ばんなじ》に設けられた足利学校を、「坂東の大学」と記し、各地の学徒が集い、仏典のみならず儒学の経典をも学んでいたとのべている。また彼らは、セミナリオ、コレッヂを設立し、スクールシステムの導入をはかることになる。

武士は政権の確立にともなって、寺院の世俗教育によって文字文化を吸収するとともに、自らの文化的権威の確立をめざすことになる。彼らは新来の禅宗に活路を見い出し、鎌倉幕府をはじめとして有力武士団は、禅宗の大寺を建立する。武士は生死を超えた境地を求め、自己の内面を追求し、禅宗に帰依することになる。同時に、それは宋から禅とともに到来した文物の流入をうけ、茶道をはじめ新たな文化を創り出していくことになる。中世は、こうしてスクールがエリート養成に機能する社会ではなく、ましてや、庶民のためのスクールなど存在することはなかった。それに代わるのは寺院、僧侶、芸能者の存在であり、在地の有力者に文字文化を伝えたのは遊歴の僧、あるいは芸能者であった。

宣教師が見た、温和な方法、自然の援助のままの教育（子育て）の世界は、スクールの存在しない、存在してもエリート養成に機能しない、身分や社会集団内での能力を競うことのない穏やかな社会を反映したものであった。では、その中世の共同体における子育ての原理とはいかなるものであったのであろうか。

自然性と稽古論

身分、職業にもとづく共同体での文字学習を含む人間形成を基本とした日本社会にあっては、人間の自然性に即した学習論が形づくられていくことになる。その典型的な例を、室町期、能楽を大成した世阿弥（一三六三―一四四三）の『風姿花伝』（岩波文庫、一九五八）の「年来稽古条々」に見てみよう。「型から入って型を出る」、この彼の稽古論は、強制的に型に入れることを意味したのではない。彼の稽古論の原理は、人間の自然性、その身体性と精神性（心）の成長に即した点にあった。その自然性と稽古の関係を、「時分の花」と「誠の花」の区分によって説明する。「時分の花」とは、人間の身体の自然性が生み出す美であり、「誠の花」はその自然性の美が衰えてもなお、その美を表現できる人為の術による美だとする。それは、人間の自然に即した稽古によって可能になるという。人間の身体的、精神的な自然性への適確な認識を原理にした、成長・発達段階に応じた稽古論に驚かざるをえない。生活経験の積み重ねの中から経験的に体得された人間の自然観にもとづくものであった。彼に遅れること約二〇〇年後のルソーの『エミール』が説く、人間の自然性に即した教育論に、その教育論の目的を視野からはずせば、方法論として重なることになる。

世阿弥は、七歳から一二、三歳までを一区切りにする。七歳を稽古初めとするが、「ふとし出ださんかかりを、うちまかせて、心のままにせさすべし。さのみ、よき、あしきとは教ふべからず。余りにいたく諌むれば、童は気を失ひて、能ものぐさくなり立ちぬれば、やがて能は止まるなり」と、決して教えるなという。自由にふるまわせて、ふと現れた良さを認めてやればよい。良き、悪しきと教えることは、教えたように出来ないと叱ることになる。叱られると、子どもは委縮し指示通り演じればよいと、つまりは、ものぐさくなり、意欲的に楽しく能に向かうことができなくなる。そうなると、もはや稽古の意味はなくなるという。

次に一二、三歳から一七、八歳の時期。この時期は第一の「時分の花」で、「童形なれば、何としても幽玄なり。声も立つ比なり。……花めけり」と、姿・形・声も少年らしく整う時期で、何をしても「花めく」時期で、精神的にも能楽に対する心構えも生まれる頃である。したがって、「物数をも教ふべし」と、ただし、基本的なことを教えて、決して細かな技は教えるなという。細部にとらわれると、先に行って伸びなくなるという。

一七、八歳から二四、五歳は、第一の「時分の花」が失せて、姿・形・声の調子も様子が変わり、何をしてもうまくいかない、他者の評価も厳しくなる時期である。この時期は「心中には、願力を起して、一期の境ここなりと、生涯にかけて能を捨ぬより外は、稽古あるべからず」と、精神力によって、稽古を継続するだけだという。その精神力は、それ以前の稽古によって、能の楽しさ魅力を実感したことに支えられるとしている。

二四、五歳から三四、五歳、この時期は、再び花めいてくる。つまり、第二の「時分の花」だという。青年らしい姿・形・声の調子によって、多くの人々の注目をあびることができるようになる。しかし、これも「時分の花」という自然の美に支えられたもので、慢心することなく、稽古にはげまねばならないという。

「時分の花」は、三四、五歳からまた失せていく。四〇代になれば、確実に人間の身体の美は衰えていくが、四四、五歳になっても、その美を保つことができれば、それこそが「誠の花」だという。能技によって、つまりは稽古という人為によって自然の美を保つことができているのだからという。能楽という芸能稽古論ながら、人間の自然性に即した稽古論の先に、自然の美を保つことのできる可能性を示している。この自然性への着目と、的確なその成長段階への着目にこそ、日本社会の子育て文化の特質を見ることができよう。

第六章　近世社会と儒教文化

世俗的規律化と儒教

前章で述べたような、自然性に即した子育て、学習観は、文字化社会となり、庶民にとっても生きる上で文字文化の獲得が必要とされ、また武士の共通的教養として儒学が必須となる近世社会の学習観にも通底することになる。当然、文字化社会は庶民層にも和文を習うスクールを普及させていくことになる。他方、武士は儒学（漢文）を公務として学ぶため藩校に通うことになる。前記の入江の「教育史における時期区分の構想」（本書八九頁）にしたがえば、近世社会はBb「School が多様化し、かつ、広範囲に普及し、民衆にまで機能する社会」に相当しよう。とはいえ、ここでも身分制の枠内でのスクールであり、学習であった。スクールは人材選抜機能（エリート養成）を持つことなく、各階級・各階層内共同体での人間形成の方法として位置づいていた。徳川幕府が正学とした朱子学の「本然の性」論とも相応して、「自然」を主要概念とした近世の人間形成観は、時代の進展に対応した近代的傾向を内包させつつ展開することになる。まずは、儒学（朱子学）導入の意味から考えてみよう。

新たな政権の成立は、また新たな文化的権威を生み出していく。近世社会は、世俗的規律化の徹底した社会であったといいうるだろう。人類は死を怖れ、死後の世界の安穏を観念し、救済として神の存在を措定してきた。現世における善行の積善によって死後の救済が可能とする宗教観は中世にあって一般化していく。地獄・極楽の絵解き説教は、人々の規律化にかかわっていた。寺院はその意味で、民衆の価値形成にかかわる権威であり、世俗の権力と一線を画していた。とりわけ中世仏教は内面の価値を徹底し、絶対者との個の対話においての救済をとくことになる。その頂点は親鸞の真宗教団であった。真宗教団、真宗門徒が世俗の権力（戦国大名）と対立するのは当然の結果であった。

しかし、織田信長の比叡山の焼打ち（一五七一年）、豊臣秀吉と本願寺教団の抗争と抑圧によって、西洋とは異なり日本社会では世俗の権力が聖的権威を圧倒し、世俗的権力が聖的世界をも支配することになる。必然的に、権力による価値形成にかかわる教育＝教化が重要な政治的課題となる。したがって、近世社会は当然のことながら〝教化〟社会でもあったわけである。もちろん、ただちに幕府が直接に教化政策を、すなわちスクール政策をとったことを意味しない。まずは、民衆を統合するための〝観念〟を提示しなければならなかった。

そこで家康が着目したのは宋学＝朱子学であった。家康は藤原惺窩（一五六一—一六一九）に儒学

（朱子学）を学んだ五山の僧、林道春を環俗させ林羅山（一五八三―一六五七）とし、侍講（儒官）として登用した（一六〇七年）。朱子学は一一～一二世紀、宋時代、朱子によって古代儒教を体系化したものであった。特に「理」という形而上の概念を導入し、「理」の存在の普遍性にもとづく秩序性を説いていた。家康の課題は、兵農分離にともなう武士と庶民を差別化する身分制秩序を安定させることであり、朱子学はそれを正当化しうるイデオロギーとして有効であると認識したためであった。まず何よりも規範的道徳を不可知な存在との関係で説明するのではなく、聖人（尭・舜・禹）の道に凝縮される人間行為の規範として認識していることであった。次に、理は普遍的存在であり、全ての人間が努力によって聖人たりうること。したがって、五倫五常を実践できるとした点であった。人間関係を君臣・父子・兄弟・夫婦・朋友の五つの関係に解体し、その上下関係の規範を忠・孝・序・和・信として説いていた。この価値の実践によって身分制的秩序を安定しうると判断したためであった。宗教的権威をともなう内面的価値の形成ではなく、現実の人間関係を規範化する世俗的規律化のために朱子学を正学として奨励することになるのであった。上下区分の規範を説くとともに、それらに通底する価値として「仁義」を説くことになる。為政者、上位者の他者への思いやりをもってその関係性の安定を説くものでもあった。「仁」の観念が治政の理念として統合のシンボルにもなる。上下区分の規範道徳と「仁」の観念にもとづく治政論が朱子学により体系的に説かれることになるのであった。

林羅山は幕府の儒官として将軍に対して朱子学を講じることになる。一六三〇年には上野忍岡に五三〇〇坪を与えられ家塾を開き、拡く幕臣に朱子学を講ずることになる。一六九一年、忍岡から湯島に移り、林家三代の鳳岡（一六四五—一七三二）は大学頭となり、家塾から幕府の機関としての色彩を持つことになる。そして、一七九〇（寛政二）年、寛政異学の禁によって、湯島の聖堂では朱子学のみの講義をおこなうことになる。これにともない一七九二年「聖堂之儀、学問所と相唱へ候事」となり公儀（幕府）学問所となる。つまり、幕府の教化対策は朱子学にもとづくことが制度的にも確立することになる。なお、寛政異学の禁の意味については後に検討する。

朱子学と徂徠学の人間観と教育

改めて幕府の正学とされた朱子学の人間観・教育観をみることにする。「天の命ずる、之を性と謂い、性に率う、これを道と謂い、道を修むる、之を教と謂う」（『中庸』）、これを朱子は「聖人の教えを為せし所以は、その自《よ》る所を原《たづ》ぬるに、一として天に本づき我に備はざるは無し」（『中庸章句』）と説明する。道とは、抽象的なものではなく聖人のおこなった行為である。聖人の行為は性（理）として天から与えられたものである。聖人に与えられたと同じく我々にも性（理）は与えられており、したがって全ての人間が聖人の行為=道に達することができるのだとのべている。性（理）を明らかにすること、すなわち明徳によって個人道徳の完成に至ることができるのだと説いている。逆に言えば道を獲得できないことは、本人の努力（立志修養）の欠如にすぎないということにもなるのであった。

それ故に『大学』が説く、学問の目的たる「修身斎家治国平天下」は、国家秩序の安定は地方、家を中間項にして、最終的には修身＝個の道徳的完成に帰因するとの立場で説明されることになる。ここでは法・制度の持つ意味は捨象されることになり、いわば支配の論理としては好適なイデオロギーとして機能することになる。

この朱子学の理（本然の性）＝人間に普遍的な存在と気（気質の性）＝理を受けて可視的形態で理にしたがって変化する、理気二元論と理による気質変化論が朱子学の人間観・教育論の特質といえよう。理の普遍的存在による気質変化論は、観念的な「人間平等論」でもあり、身分的秩序と対立しうる可能性をもつことになる。事実、大坂町人の郷学である懐徳堂は、積極的に朱子学を支持していた。経済力を持つものの政治への参加を閉ざされた町人層が、気質変化論＝「人間平等論」に依拠し、身分的秩序を打破しうる可能性をそこにみたためであった。

この理気二元論、理の普遍性を真っ向から批判したのが荻生徂徠（一六六六―一七二八）であった。徂徠は「理は定準無き者」「我が心を以て之（理のこと）を推度し」（『弁明』）と、理の普遍性とそれにもとづく道徳的完成を批判する。彼はこういう、「米は米にてそうろう。豆は豆にてそうろう」（『弁明』）、米はあくまで米であり、豆が米に、米が豆になることはない。朱子学の気質変化論は、理にもとづく普遍性によって、努力すれば米が豆に、あるいは豆が米になるといっているのと同じだと批判する。つまり、徂徠にとって、性（理）は不可知な存在で、確実なことは先天的に確定された多様な性（小徳）があることだった。それは人間の持つ個別性というべきものであった。彼にとってあるべき道は「礼楽刑政を離れて別にいわゆる道なる者有るに非ざるなり」「礼を以て心を制する」と、法・制度によって確定されるものであった。

その礼を定めるのは大徳ある人間（武士）にゆだねられるべきであるとした。今日的表現を借りれば、能力の差を事実とし、それ故に法・制度の制定＝政治は、能力のある人間＝武士にゆだねるべきだとのべるのであった。したがって、教育（学問）の対象は能力ある人間＝武士に限定されることになる。庶民は、定められた制度（法）にしたがうことになる。エリートと庶民を区別し、学問の対象と教化の対象を差別化することになる。こうして徂徠は「作為」としての法・制度にもとづく教化、すなわち政治的行為の自立と責任制を主張するのであった。

この個の道徳＝修身に回帰する朱子学を批判し、政治的行為の自立と責任を主張する徂徠学は、柳沢吉保（一六五八―一七一四）の支持も受け、元禄―享保期に藩政改革の理論として影響を与えることになる。礼楽刑政による道の確立という徂徠の論は、彼の古文辞学という学問論にもとづくものであった。古代聖人の政治行為、それ自体を追求することに、彼は道の存在を求めていた。したがって、後の朱子などの聖人の解釈、あるいはそれにもとづく「和訓」を否定し、いわば原典そのものの検討にすすむことになる。「華音」による直読と解釈を主張し、「自由」な読みと解釈への道を開くことになった。訓古注釈的な儒学、とくに朱子学のあり方に対して、自由な読みと解釈を認める徂徠学は直読が可能な能力を持つ「文人」に開かれたものであり、「学問」をエリートの占有とする教育論もこの古文辞学という方法に規定されていたといえる。それ故に、大坂町人の学問所である懐徳堂の儒者（朱子学）達は、激しく反発するのであり、やがて、徂徠学は学問的影響力を失っていくことになるのであった。

人間の可変性を普遍とする朱子学の「平等論」的認識は、身分制に拘束される庶民にとって自己確認の思想となりうる。対して、能力の不同を前提にした、エリートによる自由な読みと解釈、それにもとづく制度の確定とその下での教化の対象としての庶民の存在という徂徠の教育論は、社会的受容基盤を持ちえなかったといえよう。この論点は、日本の近代化、近代教育制度をめぐっての論争に引きつがれていくことになる。初代文部大臣として学校制度を構築した森有礼（一八四七―八九）は、「能力不同」の人間観にもとづき、「教育」と「学問」を区分した制度を構想することになる。徂徠同様に、森は法と制度は専門性とそれに裏づけられた倫理を持つエリートが担うべきだと考えていた。これは人間の平等性と矛盾するものではなく、いわば森は「能力差のある人間の平等」を追求したのである。しかし、森のリアルな人間認識、個人の自立論は、当時の社会には違和感をもって受けとめられていた。その背景には、社会的意識として、朱子学的な観念論的な「平等論」があったためであり、また、それは近代の立身出世主義イデオロギーと適合的でもあったからである。

ところで、徂徠学の影響は、学習方法にも一つの画期をもたらすことになった。儒学の学習法は素読によっていた。まずは六歳～一五歳の間、ひたすら経典を師の後を繰り返し音読し、暗誦することにはじまっていた。その後、内容についての講義をうけることになる。辻本雅史は素読による暗誦を「テキストの身体化」と呼んでいる。言語による知識の伝達という近代教授論とは異なり、知識の伝達は身体全体を媒介してなされるのが素読の方法であった。ただし、定型の読み方があって素読の方法はなりたつものであった。自由な読み、解釈を認める徂徠学の拡がりは、素読の文化と異質なものであった。そこに反徂徠学の立場から「正しい読み」＝素読の制度化が求められることになる。近代日本にあって、素読という方法は、内容理解を無視した、注入主義、身体規律の方法として、批判されてきた。部分から総合へ、言語による知識の伝達という近代の知のあり方を前提にした批判であった。素読は全体を直観的に理解し、かつ身体による「学問的用語」の獲得をめざしており、今日、読み（音読）の再定義とともにその科学的検討がなされている。

一七九〇年の寛政異学の禁は、それに対応したものであった。湯島の聖堂（学問所）では、朱子学のみを講義することになる。そして、幕臣に対して素読吟味、学問吟味を課し、朱子学にもとづく儒学の学習を求めることになる。異学の禁は、朱子学以外の学問を禁止するものではなかった点に留意する必要がある。いわば、教育（教化）レベルでの朱子学の徹底を求めるものであって、学問レベルでは洋学を含め全面的に禁止するものではなかった。つまり、今日的表現を借りれば、「教育」と「学問」の区分と「教育」における朱子学の徹底ということであった。朱子学にもとづく「和訓」の素読を「共通教養」とし、その後の専門課程を必ずしも拘束するものではなかったのである。

むしろ異学の禁は、朱子学という体系性にもとづく価値意識の形成を「公」的レベルで推進する政策のスタートに位置づくものであったといえる。近代の統一的なスクールの成立は、「共通教養」の確定があって成立することになる。異学の禁は、それに連続しうる政策であり、「公教育」の観念の成立をもたらすものであった（辻本雅史『近世教育思想史の研究』思文閣、一九九〇）。

貝原益軒の学習論

朱子学に学び、朱子学の理気二元論に疑問を持ち、やがて「気の理」として気を元にした人間観を主張し、多くの学習書を著したのが貝原益軒（一六三〇—一七一四）であった。『養生訓』（一七一二）、『和俗童子訓』（一七一〇）などいわゆる『益軒十訓』を著し、しかもそれは庶民を対象にした学習書として刊行され、広凡な読者層を持つことになった。かつて、益軒の教育論はロックやルソーの近代教育思想の白紙説、消極（自然な）教育論に重ねて論じられた時期もあった。しかしヨーロッパの近代教育（教授）論は人間の認識過程の科学的究明をベースに展開されており、儒学の人間観、自然観の独自な解釈にもとづく益軒の学習論とは本質をことにするものであった。「人の心は、時によりてかわりやすし。人の心もわが心も、皆たのむべからず」(『大和俗訓』一七〇八)と、益軒は理の普遍的存在を確信することができず、気の移ろいと共に理は存在するとしていた。つまり、朱子学のごとく理による気質の変化を確信できなかったのである。では、何に善悪の判断基準を彼は求めることになったのであろうか。徂徠は礼楽刑政=法制度に基準を求め、古代聖人の行為を実質あるものと考えていた。益軒は聖人の行為、制度に基準を求めなかった。彼は「天地父母に事《つか》うること」と父母を含む自然そのものに基準を求めていた。

「人の身は父母を本とし、天地を初とす。天地父母のめぐみをうけて生れ、又養われたるわが身なれば、わが私の物にあらず。天地のうみたるもの、父母の残せる身なれば、つつしんでよく養いて、そこないやぶらず、天年を長くたもつべし。是天地父母につかへ奉る孝の本也」(『養生訓』)と。自然界のエネルギーたる気を抑制するのではなく、「気の理」として気を養うことを求めることになる。それ故に彼は天地に対して「謙」でなければならない、慎み深くなければならないという。益軒の学習論の特徴は、自然につかうる人間の身体をまず第一義に考えたことである。「人の身は父母を本とし」と、身体の養生から心(精神)の問題を捉えた点であった。益軒は庶民の学びにおいて、その身体訓練の持つ意味を気を養う『養生訓』として展開し、礼(術)の繰り返しによる習得の重要性を主張した。型の模倣から習熟に至るプロセスを学習過程として、随年(年齢の発達段階)教法として具体的に展開した(『和俗童子訓』)。

「気の理」の立場をとる益軒は、「其おしえは、予《あらかじめ》するを先とす。予とは、かねてよりという意《こころ》。小児の、いまだ悪にうつらざる先に、かねて、はやくおしゆるを云」（『和俗童子訓』）と、予する教育を主張する。理の普遍的存在を疑う益軒は、人間の本質を善と確信することはない。いわば、善悪いずれの可能性をもつ気の存在としての人間観をとることになる。したがって、悪にうつらざる先に、よき環境を整えること＝予する教育の重要性を説くのであった。ここで、益軒は「はやくおしゆる」とのべるが、それは積極的に善をおしえることを意味しているのではない。悪しきことをおこなった時に戒めさとすことを意味していた（辻本雅史『「学び」の復権』岩波現代文庫、二〇一二）。

益軒の書物の意味は、俗たる庶民の日常世界、その中での子育ての営みの経験知を、「気の理」の立場で整理し方向づけた点であった。それ故に庶民に対して直接的な影響力を持つことにもなったといえる。

第七章　近世農村社会と文字の学び

歴史人口学と農村社会

近世社会は、また、農村社会でもあった。武士人口は全体の六％前後、二〇〇〇万程度であり、農産物の生産人口である農業入口が大半を占めることになる。歴史人口学の成果によれば、一六〇〇年には一五〇〇～一六〇〇万人、一七二一（享保六）年には三一〇〇万人、一八四六（弘化三）年には三二〇〇万人程度であったと推計されている。その第一の特徴は江戸開幕時から一〇〇年を経て人口が倍増していることであり、第二には以後幕末期までその水準（停滞）で推移していることである。この人口動態の変化は、農村の生活や子育てにいかなる関係を有したのであろうか（速水融『歴史人口学で見た日本』文春文庫、二〇〇一）。

まず、家と家族のあり方に大きな変化をもたらしていた。江戸幕府の開幕によって、平和な時代の到来を迎えることになり、軍事に集約された技術・労働が耕地の開発にむけられ、農地面積が拡大していくことになる。農地の拡大は、複合大家族としての家から直系単婚家族（小農世帯）への推移をもたらすことになる。家は、経営体を意味し、かつては血縁関係によって構成される家族と一致するものではなかった。家は経営体として傍系家族（直系以外の血縁）と非血縁家族（下人）を含む複合大家族として存在していた。おおよそ、一〇～一二人を一般的な規模としていた。耕地の狭小さによって、家から独立して家族を構成することが困難な時代であった。しかし、近世になって新田開発、土木工事による耕地の拡大にともなって、家から独立して家族を構成する経済的基盤が成立することになる。夫婦と子ども（三人～四人）の五～六名規模の小農世帯の成立であった。この小農家族の成立にともなって、一〇〇年を経て農村人口は倍増することになる。

小農家族の経営規模と農村を一般化すると次のようになる。一つの家族は一町歩の耕地を持ち、村は四〇家族程度で構成されることになる。一町歩の米生産高は平均一〇石であった。大人一人の生産力は三石であり、子どもを含めて、一町歩の耕地から一〇石の高を獲得できることになる。五公五民として、五石が手元に残る。大人一人、一日三合の米が生産力の再生産に必要とされたので、一年間で一石が必要となる。したがって、五石あれば五～六人の家族の生計が成り立つ計算になる。この小家族の成立は子どもの存在のあり様、人々の教育意識を大きく変えていくことになる。

一七世紀、近世初期にあっては、速水融の信濃国諏訪郡の宗門人別帳の分析によると、一組の夫婦の産む子どもの数は一二人程度であり、そのうち約半数は一〇歳になる前に死亡している。ところが、一八世紀後半になると、一〇歳までの死亡率は男子で一〇%、女子で一四%まで低下している。いわゆる多産多死型社会から少産少死型社会に動いたことが知れる。小農家族の成立と少産少死型社会への移行にともなって、享保期以後の人口停滞がおこったと考えられる。沢山美果子の一関藩の一農村狐禅寺村の調査では、農民は一家族の子ども数は四人を限度としていたと報告されている（「歴史のなかの性・生殖・身体」第二五回日本教育史研究会サマーセミナー報告、二〇〇六）。つまり、間引きを含む少産型社会が到来していたのであった。そして、少数（四人）の子どもを「家」の維持・発展を担う存在として、つまりは「家」の子として大事に育てる観念が成立することになるのであった。子宝としての大事な子育て意識は少産少死型社会への移行にともなって成り立つのであった（速水融『近世農村の歴史人口学的研究』東洋経済新報社、一九七三）。

一町歩の土地所有を基本とする小農は、労働を集約し、あるいは農業技術の獲得によって生産性の向上に努めることになる。生産性の向上は可処分所得の獲得になるだけに、労働意欲、学習意欲を刺激し続けた。ここに、観念的な儒教道徳の教化と位相を異にする通俗道徳が成立していく。勤勉、倹約、正直などの価値が生産性の向上、豊かな生活への道筋において形成されていった。あるいは、また、農作業の記録をとり作業の合理化をはかり、農書を学ぶことによって生産技術・新たな作物栽培方法を身につけようとする。それをうけて、一八世紀には農書が刊行されはじめることになる。宮崎安貞（一六二三—九七）の『農業全書』（一六九七）はその端緒となるものであった。政治上の要請としてのみではなく、自らの生産性向上に向けた意識において自発的に文字学習を必要とするようになるのであった。

ここで間引きの問題について考えてみることにする。かつて間引きは農村の貧困の故の悲惨な行為として意味づけられてきた。子育てを可能にする経済的条件の欠如としての間引きの存在も否定できない。しかし、反面、小農家族の消費生活の水準を維持するための行為であったともいえる。高橋敏は旧来の村落の生産労働の厳しさにフォーカスされた視点とは異なり、生産向上にともなう民富を背景にした消費生活の多面性に光をあてている（『近世村落生活文化史序説』未来社、一九九〇）。農民の消費文化は文字文化をとりこんでいく。俳句の楽しみ、多種の芸事、書籍の購入など生産労働に直結しない消費文化を形成していく。系統的な蔵書を持つ読者層としての農民層が形成されていく。また、太田素子は、有力商家のご祝儀簿の分析から、子どもにかける経費の増大とその水準維持のための家族計画の存在を指摘している（「少子化と近世社会の子育て」『家族の社会史』岩波書店、一九九一）。なお農村の消費文化の形成にかかわって、佐藤常敬は貧農史観の見直しを提示している。一坪籾収量は文化期（一八〇〇年初頭）から明治三〇（一八九七）年までは、同量であったこと。また五公五民も年貢米に関してのことであり、実質の収税率は二〇％程度であったと推計し、小農家族の生活が消費文化を形成しうるものであったとのべている（佐藤常敬『貧農史観を見直す　新書・江戸時代③』講談社、一九九五）。

手習塾（寺子屋）の学びについて

先にも指摘したように、寺子屋という名称は、庶民の学びの学校の総称として、一八八三年の文部省の調査（『日本教育史資料』）によって一般化したものであった。同時代において寺子屋という名称が一般化していたわけではない。手跡指南、手習所と呼ばれるのが普通であった。また庶民の学びのあり方を考える時、実質的内容、方法を踏まえる手習所が適切な呼称であり、近時、寺子屋ではなく手習塾と呼ぶことが多くなっている。

庶民の文字学習は、手習という方法によっておこなわれており、先にみた武士の漢籍学習の方法である素読とはことなるものであった。手習、つまり筆で文字を繰り返し書くことによって文字を獲得し、その意味する処を理解していく方法であった。読みによって文字と知識を獲得する素読の方法とは異なっていた。つまり、手習の訓練を介しての文字学習と音声の訓練を介しての学習の違いともいえる。

この手習と素読の違いについて、天保期、伊勢崎の一漢学塾主は次のように子弟の親に説明している（高井浩『天保期少年少女の教養形成過程の研究』河出書房新社、一九九一）。

伊勢崎の織物問屋吉田清蔵は、その長子を午前中手習所に、午後漢学塾に通わせていた。商人の上層では、こうして漢籍の学びの世界にも入っていた。塾主は午前手習所に学び、疲れて漢学塾にくるので、学習が進まず効果をあげることができないと親に伝えている。塾主は、手習というのは数年学んだ処で一〇〇〇の漢字を覚えるだけであり、時に能書家（字が上手だ）と褒められるにすぎない。しょせんは手習とは〝一芸〟にすぎず、人間のことについて学ぶことはできない。したがって努力の割に意味のないものだという。対して素読は人間の道を漢籍の読みによって学ぶものであり、商人として立つのにも有用であり、読めるようになれば自ずと漢字を知り、書けるようになるものだと、漢字学習の意味をのべ、漢学塾での素読を学びの中心にすべきだといっている。これは手習と素読という学びのあり方の相違を適切に指摘しているといえる。手習所は、能書、美しい字を書く技＝芸を習う所と捉えられ、琴などの稽古事と同列に考えられていたわけで、稽古塾の一種であったとも位置づけられることになる。

この手習による文字学習＝書く文化が庶民の文字学びの日本的特質であった。書く文化の成立は、書く道具の成立によって成り立つことになる。和紙と筆という道具が日本の書く文化を生み出したといえる。西洋世界にあっては、古代メソポタミアでは粘土板に刻み、古代エジプトではパピルスに書くことがおこなわれていた。しかし、パピルスは五世紀末には材料が枯渇する。その後動物の皮に書くことになる。パーチメント（羊皮）、ラヴェム（牛皮）である。ちなみに子羊一頭から八枚のパーチメントが作られていた。したがって、書く文化は極めて限定されることになる。それ故に、文字文化としてではなく話す文化が西洋で成立することになる。東アジア世界では、帛（絹布）、竹簡、木簡に記されることになり、紀元一〜二世紀には蔡倫によって製紙技術が発明される。この紙の発明が東アジアの書く文化を生み出していくことになる。日本にも七世紀頃には紙とその製法がもたらされる。特に、九世紀和紙の製造が始まったことは、日本の文字文化に画期をもたらすことになった（佐藤秀夫『ノートと鉛筆が学校を変えた』平凡社、一九八八）。

この紙の製法はシルクロードを通じて、スペイン（一一世紀）、フランス（一二世紀）とヨーロッパに拡がっていく。紙の普及のズレが西欧における読みの文化と日本における書く文化との差異を生み出すことになったといえる。手習による文字学習は、素読による「テキストの身体化」になぞらえば、「文字の身体化」ともいえよう。繰り返し繰り返し、美しい字の獲得をめざす学びは、身体動作の訓練による身体での学びでもあったのである。江戸の川柳に詠まれている寺子屋の風景からもこの光景が浮かんでくる。

・初午の日から山羊を鹿が撫で
・牛の角文字を午の日から覚え
・忠臣の符牒を初午の日からおぼえ
・師匠様一日釘を直してる
・大不出来清書も顔も赤くなり

師匠に正対するのではなく、直角に並べられた机（天神机）に座り、かな文字の手本を与えられ、その日の課業を個別に学ぶ様子。その仕上げの清書を師匠の前で手を入れられる様子がうまく詠われている。この庶民の書くことによる学びは、近代学校の綴方教育、特に一九三〇年代の生活を書くことによる学習としての生活綴方運動として〝復権〟することになる。近代学校の一斉教授法は読み中心であり、学習者の主体性を必ずしも必要としない方法として展開する。それに対する批判として、書くという主体性、能動性に学習方法を求めたのが生活綴方運動であったといえる。この意味で、それは日本の庶民の生活にあった書く文化の〝復権〟であったといえよう。

手習塾（寺子屋）と往来物

ところで、寺子屋は近世社会にどの程度に存在したのであろうか。明治の調査である『日本教育史資料』によると、約一万五〇〇〇校となっている。実数はもっと多かったと考えられる。おそらく、五万校近くが存在していたと推測できる。それは、近代小学校の出発点となる一八七二年の「学制」によると、人口六〇〇人あたり一小学校の設置としており、約五万三〇〇〇校の設置を目標としたことからもうかがえる。中学校（二五六校）が藩校数を想定したと同様、手習塾の存在を想定したと考えられるからである。手習塾の師匠の没後、寺子たちが師匠の徳をしのび筆子塚を建てることがある。その筆子塚はたとえば千葉県内には三〇〇〇基が確認されており（川崎喜久男『筆子塚研究』多賀出版、一九九二)、手習塾が一万五〇〇〇を大幅に超えることは確実であったといえる。石川松太郎は『日本教育史資料』の手習塾開業年を分析し、文化期(一八〇四~一七年)と天保期(一八三〇~四三年)にピークがあったとしている。前者で年平均開業数は二七・四校、後者では一四一・七校であった。天保期の開業は爆発的であった。また、入江宏は農村手習塾の筆子帳(入門帳)に注目し、筆子帳の存在は一八〇〇年以前に遡及できないとしている(「近世下野農村における手習塾の成立と展開」『栃木県史研究』一三号、一九九七)。この筆子帳の存在は、寺子が村内を越えて入学していること、また学習課程の記入があって手習塾の地域的拡大(就学者)と学習課程の成立を意味するものであったと指摘している。第一の手習塾普及のピークと筆子帳の成立は重なっており、一八〇〇年前後、手習塾がスクールとして整備され、庶民の文字学びの世界が拡がったことを示している。では、学習課程とはいかなるものであったのだろうか(石川松太郎『藩校と寺子屋』教育社、一九七八)。

江戸の狂歌に〝名頭と江戸方角と村名と商売往来これで沢山〟とよまれている。まず、寺子はいろは仮名文字、漢数字を習い、次に人名に使用される漢字を集めた「名頭」を学ぶ。これが初級課程ということになる。「名頭」は「源・平・藤・橘…」など三六〇の漢字をつらねたものである。次の江戸方角とは『御江戸名所方角書』(一七六五)のことであり、「御城外、東者、和田倉、八重洲河岸、竜之口…」にはじまり、江戸の地名町名九〇、寺社仏閣七五、橋名一五、川名三、その他六の計一八九の名称を列挙した地理書である。村名は近郷の村名を列挙している。

次の商売往来は、字数一二〇〇字で近世往来物を代表する書籍で、一六九四年、堀流水軒作である。「凡商売持扱文字…」に始まり、①商売用語（注文・請取・取遣の日記…）、②金子（大判・小判…）、③取り扱う品物（穀物、調味料、衣類、武具、家具、薬種、魚…）、④商人の心得（一、手習・算術　二、連歌・俳諧・花・湯・囲碁の稽古）と続いていく。江戸町民のいろは→漢数字→名頭→江戸方角・村名→商売往来という学習課程は、地域と職業に対応したバリエーションを持った、共通的課程であったといえる。いろは→名頭→村尽→国尽→日用文章（証文類、消息類）→産業往来物という学習課程は文化期には定型化され全国的に一般化していくことになる。往来物は、各地域の特性にもとづき修正を加えながら全国的に流通していく。商売往来は、北は青森、南は鹿児島でも使用されている。石川謙・松太郎の調査では商売往来は二七五種が確認されている（『日本教科書大系　一二巻』産業㈠、講談社、一九六八）。こうした全国的な往来物の流通によって、地域を越えた「農民」「商人」としての共通的教養を形成することにもなった。

第八章　近世社会と多様なスクールの成立

手習から「教道」のスクール

天保期は長期の大飢饉（一八三三〜四〇年）、外国船の来航によって幕府の経済システム、鎖国システムが激しく動揺する時代であった。風水害による凶作はとりわけ関東・東北農村で深刻であった。生活苦により、農村から都市への人口流出が続き、農村の荒廃が進行していった。この時期、農村部での手習塾の増勢は、単なる経済的活動の拡大による実学としての学習を求めてのものだけであったとはいいがたい。上野国原之郷（群馬県、国定忠治の出身地）の三代目船津伝次平は、一八三八（天保九）年、手習塾九十九庵《つくも》を開いている。船津家文書を検討した高橋敏は、船津伝次平に農村荒廃に立ち向かう自営農のエトスを読み解いている。共同体は若者組など年齢集団と村の祭礼行事への参加を通し、共同体の一員としての価値観を形成していた。しかし、農村の荒廃にともないそれらはバクチや地芝居興業で享楽的消費行動の場となり、共同体の崩壊にむしろ棹さすことになっていた。

つまり、非文字の共同体的慣行による人間形成の場が崩壊し、凶作の中で享楽的傾向を強めていたのである。

船津伝次平は既存の共同体の生活様式が生み出すバクチ、地芝居に象徴される享楽的傾向を克服するため村民教化に乗り出すことになる。船津家の家訓は自営農民の禁欲的な倫理＝通俗道徳の再発見による農村再興の方向を示している。

一、金貸しと商売はなすべからず
一、終わり疑わしきものは決して着手すべからず
一、田畑は多く所有すべからず、また多く作るべからず
一、農家は雇人二名、馬一匹にて営み得るを限度とすべし
一、けいこ事は冬、春の両期にすべし、書物は小満《しょうまん》（五月二一日ごろ）より白露《はくろ》（九月七、八日ごろ）まで封じ置くべし

商品経済の発達によって本来の農民の生産者としての禁欲的倫理が、凶作＝農村荒廃の中で崩壊していること、自営農民としての禁欲的生産者としての倫理を、文字文化によって教化する必要のため、船津伝次平は、九十九庵を開くことになる。天保期農村における手習塾の増勢は、農村荒廃とい

う危機に対して、いかに農民が主体的に立ち向かうのか、その主体形成にかかわってであったといえよう（高橋敏編『村の手習塾』『朝日百科・日本の歴史別冊』一九九五）。

ここには、江戸町人が詠った「…商売往来これで沢山」と、町人の文字学習は、商人としての必要な実学に限るべきとする点を越え、人間（農民）の存在価値、生き方にかかわる文字学習を含むことになる。下総松沢村の名主宮負定雄（一七九七―一八五八）も、天保期、荒廃農村の建て直しをはかっている。「諸芸は身の宝、之を習ふは生涯飯を食ふ種なれば即命の親なり」「身に覚えたる芸能は生涯尽くることとなし、金銀を譲るより吾が子の身に芸能を附けて渡すが親の功なり」（『民家要術』小野武夫編『近世地方経済史料』第五巻、一九三二）と、激動する社会にあっては、諸芸が財産であり、それなくして乗り切ることはできないと教育の重要性を指摘する。その諸芸は単に文字・計算能力の「実学」を意味していたのではない。「師匠を見るに（中略）文字の読書を教ふる事をば知れども、真の道を教ふる術を知る者稀なり」（『国益本論』『国学運動の思想（日本思想史大系51）』岩波書店、一九七一）と手習の芸にとどまる手習塾の教育の限界を指摘する。彼は、農村の再興に必要なことは、農民が「真の道」を自覚し、生産の価値を習得することにあるとのべている。共同体の崩壊の進行にともない、共同体の枠内での文字能力獲得の限界を指摘している。宮負自身は、平田国学に学び、自らの主体性を確認していくことになる。そして宮負は「領主より令して、道徳の人を択び、教道師とか、経済師とか号して、領内の名主及び手習師匠たる者に、教道の術を示し、老若男女に至るまで、普く教を施させなば、天下の人民、悉《みな》教に従はずとも、多くは直朴《じきぼく》に化り、人倫の道立ち」と、村の知識層である名主・手習師匠に領主が「人の道」を示す必要をのべている。私的な存在であった手習塾を公的性格をもつ、したがって内容を統一するスクールへと展開する必要をのべている。手習＝芸事のスクールから、人間形成の場としてのスクールへの展開を主張するものであった。

宮負と同じく下総香取郡長部村で荒廃農村の建て直しにとりくむのが大原幽学（一七九七―一八五八）であった。この地域もバクチ、博徒が横行した天保水滸伝（やくざの抗争）の地域であった。大原は、崩壊する村、共同体を「道友」の連帯による和によって建て直そうとした。利己心（「人心」）を克服し普遍的人間としての「道心」（仁）の確立による共同体の再建をめざすことになる。そのための、教育的環境の必要をのべる。彼は、武士は朱子学にもとづき「道心」（仁）を形成しようとしてきたのに対して、農民の「道知らず人欲の私となる」教育環境の不十分さを指摘する。「道心」の形成をおこなってこなかった故に、商品経済の発達の中で、利己心のみが肥大化し、農村の荒廃を招いたと考えていた。つまり、利己心を克服し公的な道心の形成のための教育環境の必要をとくことになる。彼の道心論は徹底したものであった。親子の血縁を基礎とする家族、家を単位とする村共同体から、「公」を徹底した共同体建設をめざすことになる。本家・分家、我が子にとらわれることのない、耕地整理、実子を交換して子育をする換え子教育を提唱することになる。いわば「公地公民」を原理としての共同体をめざすことになる。

天保期の荒廃する農村における手習塾教育は、手習＝芸の学びから「人の道」の学びとしてのスクールへの展開をめざす村指導層の動向に支えられてのことであったといえる。そこでは、私的な存在としての手習塾を公的な性格を持つスクールへと変換することがめざされ、当然、旧来の共同体内での「私」から新たな「公」的世界とそこでの人間形成を展望することになる。

〝シツケ〟の世界と手習塾

柳田國男が「地方学の新方法」（定本柳田國男集 二五巻）でのべるように、近世教育の本体は、手習い、聞き覚えのシツケであって、手習や素読ではなかった。生活労働、生産労働への参加、共同体への参加によって、一人前となるための教育がおこなわれていた。したがって、天保期以後のムラ共同体の荒廃はその機能の喪失と機能不全をもたらし、新たな公的空間の形成をめざす教育（教化）が構想されることになったのである。しかし、手習いによる文字学習がシツケの補完教育の展開にとどまっていたわけではない。文字の獲得自体が庶民に新たな可能性をもたらすことになる。その一つは、八鍬友宏のいう「民衆の政治参加」であった。彼は、往来物の中に「目安往来」が存在したことに注目する。目安、すなわち近世の訴状を手習塾の手習い本にしていたのである。出羽国村山郡白岩郷で、領主の非道を幕府に直訴する白岩一揆が一六三三（寛永一〇）年におこる。この時の訴状（白岩目安）が手習塾の手本として、写本として流通していことを明らかにしている。近世社会は、儒教の導入による武士による「仁政」観念によって統治の正当性を獲得するものであった。それ故、村請制（ムラ単位での税の収納、法の執行）も法とそれの説諭、庶民の「和解」によって成立するもので、一方的な権力行使によるものではなかった。それ故に、庶民は領主の「非道」を上位の権力に直訴する。横田冬彦は近世農民を〝訴訟する農民〟と記している（『日本の歴史16・天下泰平』講談社、二〇〇二）。訴訟するには、正当性を文書化する必要がある。文字獲得は、また、こうした直訴を幅広く可能にすることでもあった。やがて、それは村自治の公平さを求める力を農民につけることになる。諸帳簿の開示要求とその不正の告発が時代とともに増すことになる。その意味で、農民の手習塾での文字学びは、広い意味での「政治参加」を可能にするものであった（八鍬友宏『近世民衆の教育と政治参加』校倉書房、二〇〇一）。

また、シツケ、徒弟奉公を基本にする職業人養成に手習塾が組みこまれ、いわば立身出世の手段として機能した点にも着目したい。梅村佳代は伊勢国の寿現堂の門弟帳の分析によって、男子の三〇%、女子の一〇%が江戸の越後屋に奉公していたことを明らかにしている。大店《おおだな》は、江戸で採用する給金奉公者とは別途に、出身地の伊勢から確かな教育をうけた人材を子飼い奉公人として、経営の中心に据えていた。彼等は、丁稚→手代→番頭→独立の階梯を踏んで成功者としての独立をめざすことになる。手習塾での学びが、徒弟奉公の準備、採用の条件となっていたのである（梅村佳代『日本近世民衆教育史研究』梓出版社、一九九一）。

また、手習塾は俳諧、連歌、謡曲の学びの場ともなっており、庶民の「共通教養」を生み出していくことになる。

多様なスクール――郷学・学問塾

郷学とは、本来は城下を離れた村（地方）に設けられた学校を意味していた。備前藩で熊沢蕃山（一六一九―九一）が士庶の教化のために、各地に設けたのが早い例である。その一つが閑谷学校として今日、建物が現存している。中江藤樹（一六〇八―四八）に陽明学を学んだ蕃山は池田光政（一六〇九―八二）の招きで、備前藩の藩政に参加する。彼は、人間は本来、道徳的善性たる「良知」を与えられており、その自覚によって「人道」を獲得できるとした。朱子学の窮理としてではなく、自己の内面性への問い直しによる人間形成を主張し、藩校の支校として藩内に郷学を設立し、士庶の教化にあたろうとした。まずは、郷学は藩校の支校として公的性格を持つものとして意味づけられた。

次に郷学の概念は、共同の設立にかかわる学校という意味を持つことになる。その典型は、大坂町人の学問所である懐徳堂、あるいはそれと連携していた大阪平野郷の含翠堂である。町人有志の共同設立、共同運営にかかわる学校を郷学と呼んでいる。その際、公権力は郷学を認証しつつ、直接的関与をしないのが特徴である。

第三には、幕府・藩など公権力が民衆教化のために設立した学校も郷学と呼ばれる。幕末から明治初年の激動する社会に設立される郷学はこの型であった。先に宮負の言説で見たように、農村の危機に対応する「人道教諭」のために公権力が積極的に学校設立にかかわった結果であった。

手習塾と公権力の設置ではない郷学の違いは、設置形態の点でいえば、設立運営にかかわって共同性を有していたかいなかったかの違いである。教学と経営の分離ともいえる。手習塾は師匠がすなわち経営者であるまったくの私的な存在であった。しかし、必ずしもこの経営と教学の分離が手習塾と郷学の概念区分とはならない。村の主導で師匠を招き、手習塾を開く例も多くあり、その場合は師匠は教学面のみを担当することになる。むしろ、郷学と手習塾の違いは、手習い中心か、あるいは素読を含む漢字学習をも内容としていたかいなかにあったといえる。つまり、手習＝芸の修得か、あるいは人間の価値の学習までを含むのかいなかの違いにあったといえよう。それ故に幕末・維新期に郷学の設置が増加することになったといえる。

庶民の漢学学習の要求に応えたのは、漢学者の開く塾であった。時代が下がるとともに蘭学塾など専門分野に対応して多様な塾が開校される。従来、これらは近世の〝私塾〟と呼ばれてきた。塾主の教学と経営の一体化による学校として私塾と呼ばれたが、近時、学問塾とよばれるようになった。寺子屋が手習塾と呼ばれるように、その教育内容を重視した呼称によるべきとの立場からは学問塾が妥当といえる。つまり私塾は手習＝芸の習得ではなく、学問＝人の道、高度な知識技術の探求の場であったからである。この学問塾には身分制を超えた学問的能力による編成を原理とするものもあった。

なお、私塾は『日本教育史資料』によれば、一四九三校が確認され、天保期に二一九校が開校されている。その大半は漢学塾であった。

大分県日田に広瀬淡窓（一七八二―一八五六）が一八〇五（文化二）年に開いた咸宜園は、延べ（明治中頃まで）全国各地から数千の門人を集めた一大学園であった。そこには、それだけの要因があったのである。淡窓は「三奪法」を定め、学園にあっては一切の身分的差異を排除し、ただ学習課程の進歩を評価の基準としたことであった。

一に曰く。其の父の付くる所の年歯を奪うて、之を少者の下に置き、入門の先後を以て長幼となす。
二に曰く。其の師の与うる所の才学を奪うて、不肖なる者と伍を同じくし、課程の多少を以て優劣となす。
三に曰く。其の君の授くる所の階級を奪うて、之を卑賤の中に混じ、月旦の高下を以て尊卑となす。是れ三奪の法なり。（中島市三郎『咸宜園教育発達史』一九七三）

そして、無級から九級まで各上下二等にわけた等級制をとり、次のように成績により進級を判定する制度をとっていた。

素読・会読・聴講は毎日、書会月九回、復文は月六回。輪読・輪講は毎日輪番を定め独見を以て行うが、奪席会はそうでない。一〇人または一二人が一席に会合して成績順位にならび、淡窓先生の三日講ぜられし書を四日目毎に相互に質問し応答して優劣を競うのである。今日の討論会に以ているが、また柔剣道および対校相撲の四人抜きに類する点もあり、優者が劣者の講師席を奪い取るところは実社会における就職競争とも同じようなところがある。その優劣の判定に至っては淡窓自ら必ず講堂の一席に臨み、他は七級以上の生を以て会頭判師にあてた。その問答の範囲は一日六枚一二頁ならば、三日分だから一八枚三六頁内に限られていた。その内最も難義と思わるるもの二〇字を質問し応答すること三循環して閉会する定めになっていた。故に四日毎に縦横無尽に反復討議することができたわけである。しかし三人の難問を明了に講じても第四人目の難問を説了し得ねば席を奪われるので、切歯し或は涕を出して退席する者もあり、この法は真に書生を励ますの良方便であった、と豊絵詩史に記されている。かようにして猛烈真剣に反復練習された課業を毎月二回または三回づつ数字・文章・詩の課題・書会・句読切・復文の試業を行った。そしてこの試業の結果を毎月末二七日に成績順位に無級から九級までの上下に分けて一覧表に作って次に月初めに公表した。各人の毎月の勤惰が一目瞭然、鏡にかけて見るように、はっきりとわかった。(中島市三郎、前掲書)

蘭学塾・緒方洪庵（一八一〇―六三）の適塾においてもその点は同様であった。

会読は一六とか三八とか大抵日が極って居て、いよいよ明日が会読だと云う其晩は、如何な懶惰生でも大抵寝ることはない。ヅーフ部屋と云ふ字引のある部屋に、五人も一〇人も群をなして無言で字引を引きつつ勉強して居る。夫れから翌朝の会読になる。会読をするにも籤で以て此処から此処までは誰と極めてする。会頭は勿論原書を持て居るので、五人なら五人、一〇人なら一〇人、自分の割当てられた所を順々に講じて、若し其者が出来なければ次に廻す。又其人も出来なければ其次に廻す。其中で、解し得た者は白玉、解し傷ふた者は黒玉、夫れから自分の読む領分を一寸でも滞りなく立派に読んで了ったと云う者は白い三角を付ける。是らは只の丸玉の三倍ぐらい優等な印で、凡そ塾中の等級は七八級位に分けてあった。而して毎級第一番の上席は三か月占めて居れば登級すると云ふ規則で、会読以外の書なれば、先進生が後進生に講釈もして聞かせ不審も聞いて遣り至極親切にして兄弟のやうにあるけれども、会読の一段になっては全く当人の自力に任せて構ふ者がないから、塾生は毎月六度づつ試験に逢ふやうなものだ。爾う云ふ訳けで次第々々に昇級すれば、殆んど塾中の原書を読尽くして云はば手を空うするやうな事になる、其時には何か六ヶ敷いものはないかと云ふので、実用もない原書の緒言とか序文とか云ふやうな者を集めて、最上級の塾生だけで会読をしたり、又は先生に講義を願たこともある。私などは即ち其講義聴聞者の一人でありしが、之を聴聞する中にも様々先生の説を聞いて、其緻密なること其放胆なること実に蘭学界の一大家、名実共に違はぬ大人物であると感心したことは毎度の事で、講義終り塾に帰て朋友相互に「今日の先生の彼の卓説は如何だい。何だか我々は頓に無学無識になったやうだ」などと話したのは今に覚えて居ます。

（福澤諭吉『福翁自伝』岩波文庫、一九七八）

こうした身分制にとらわれない、自由な平等な学びの空間としての学問塾には、学問的能力の獲得によって立身をめざす有為な青年が入塾していた。中津藩の下級武士の子として生まれた福澤諭吉は、「長崎から大阪に行て修業して居ります。自分で考えるには、如何しても修業は出来て何か物になるだろうと思う。此藩に居た所が何としても頭の上る気遣はない。真に朽果つると云うものだ」（前掲『福翁自伝』）と洋学の修業によって立身をめざす一人であった。学問塾は学問的能力によって立身をめざす人材養成の機能をはたしはじめていた。

第九章　西洋世界と教育学の成立——自然・生活・科学・活動（経験）

事物から言葉へ

一六世紀中葉に来日した宣教師は、西洋の体罰による教育と日本の温和な教育の比較に驚くことになる。しかし、それから約二五〇年後、再び来日した西洋人に、日本の子育ての風景は、ルソーの『エミール』に重なって受け取られている。共に、「自然」に即した、温和な教育として理解することになる。何故に、西洋にあっては、体罰から温和な教育へと展開することになったのであろうか。その歴史を辿ってみることにしよう。

西洋中世の世界観・人間観は、ローマカトリック教会と司教座付属学校でのスコラ哲学（神学）によって権威づけられていた。ラテン語による観念的世界の獲得としての学問、その習得による社会的地位の上昇、そのために学校はエリート養成に機能する社会であった。ルネッサンスによる現世の人間肯定の価値の確立に伴い、「懐疑」（思惟）にもとづく合理性と観察・実験を方法とする科学の時代を一七世紀には迎えることになる。しかし、一七世紀は科学の時代であるとともに、宗教対立、抗争の時代でもあった。プロテスタント（新教）とカトリック（旧教）の対立は、カトリック的統一世界を崩壊させ、新たなる秩序づくりへの闘いの時代でもあった。ヨーロッパ全土を戦場にした三〇年戦争（一六一八～四八年）、そしてウェストファリア条約による国境の画定、つまりは国民国家的秩序へと大きく歴史が動く時代でもあった。

その時代、三〇年戦争の当事者として、フス派（プロテスタント）の宗教改革運動を継承し、カトリック（旧教）の神聖ローマ帝国からの自立をめざす、ボヘミア同胞教団の指導者ヤン・アモス・コメニウス（一五九二―一六七〇）は、今は、『大教授学』（一六五七―八）（『世界教育学選集二四・二五』明治図書出版、一九六二）の著者として、近代教授学の父とも呼ばれている。何故に、ボヘミア民族の宗教的・政治的自立を求めた指導者であるコメニウスは、教授学者となりえたのであろうか。

私の生涯の一つの長い苦しい迷路は、平和へのいとなみであった。私は無益有害な争いをつづけているキリスト教徒の国ぐにを、たがいに和合させようという願いの実現のために少なからぬ労をついやした。しかも今日まで、その労は何の成果ももたらしてはいない。しかしそれは、かならずや実をむすぶ日がくるであろう。（「唯一の必要事」梅根悟『世界教育史』新評論、一九六七）

ボヘミア同胞教団指導者としての敗北と亡命者としての各地の放浪の中で、戦争の悲惨さを痛感するコメニウスは、祖国の復興というナショナリズムから、人類（キリスト教徒）の平和（安）へと、ヒューマニズムにもとづく秩序形成に向かうことになる。それは偏見から真理に目覚めた人間によってこそ可能であり、それは如何なる方法（教授学）によって可能になるのかの探求をすすめることになる。彼の主著『大教授学』は「あらゆる人にあらゆる事物を教授する普遍的な技法を提示する」とのべている。彼が普遍的な技法の根拠としたのは「自然」という概念であった。「あの三者（学識・徳性・神に帰依する心）の種子は、自然的に私たちの中にある」と。学識は認識力、徳性は意志、神に帰依する心は良心のことであり、これらは自然に私達の中にあるという。そして、その自然とは「ここで私が自然という言葉で理解しておりますのは、アダムの堕落以後すでに万人につきまとっている破滅のことではなく、私たちの最初の基本的な性質のことであります」という。人間の存在は性善であり、それが自然として与えられており、それ故に、その自然性に即した善の形成としての教授法が普遍的であるとのべている。

つまり、「すべての人間が、事物の知識を獲得する力を、生まれつきそなえていることは明らかでありますᅟ」、なぜなら「理性をそなえた魂」が「器官」を備えており、それ等が視覚、聴覚、嗅覚、味覚、触覚として働くからだという。したがって、コトバから事物へではなく、事物からコトバへと教授法を転換しなければならないという。

学校は、事物よりさきに、会話を教えています。つまり、青少年の知能をなん年もの間、話し方の技術の中にひきとめておき、いつからかは知りませんが、そのあとでようやく事物の学習、つまり数学自然学などに進むことを許しているのです。しかしながら、事物が実体で言葉は属性です。事物が体躯で言葉は衣服です。事物が核心で言葉は殻であり外被です。ですからこれらは二つとも人間の認識能力の前におかれなくてはなりませんけれども、しかしさきにくるのはやはり事物です。事物こそ認識能力の対象でもあれば会話の対象でもあるのですからこれは当然のことであります。

会話（コトバ）を教え、観念的な世界観・人間観を教える教授法は、事物に即さない、つまりは真理ではない偏見を注入する可能性をも持つ。それ故に、偏見にともなう対立・抗争を生じるのではないかと。つまりは、事物を感官によって認識し、それを言葉で表現するという認識のプロセスによって、人は真理（神・自然・人間に関する真の知識――彼はこれを凡知体系と呼ぶ）に至ることができ、キリスト教徒は平安な関係を結ぶことができるとのべている。観念（コトバ）が事物を説明するのか、事物が観念（コトバ）を生み出すのか。事物からコトバへ、認識の自然なプロセスによる教授学を示したのがコメニウスであった。教授の原理となる自然の概念について彼は次のようにのべている。

一、自然は適切な時期に留意する。
二、自然は形式の持ち込みの前に素材を用意する。
三、自然は生産活動にふさわしい素材をとる。
四、自然は混同をおかすことなく、区切りをつけて進む。
五、自然は生産活動を最も内奥の部分から始める。
六、自然は形成の営みを全般的なものから始めて、最も個別的なもので終える。
七、自然は飛躍しない、段階的に進む。
八、自然は完成するまで手をゆるめない。
……

彼が教授学を自然概念の導入によって、体系化したのは、三〇年戦争という新教と旧教の対立・抗争の悲惨な現実の克服を課題としたことによってであった。それは真理を獲得した寛容な人間の形成によって平安（和）は可能であり、神の与える自然に即した、事物からコトバへの認識のプロセスによらねばならないと主張した。そのために、母国語学校（六〜一二歳）の知的体系を示す教科書として『世界図絵』（一六五八）を刊行する。それは世界最初の絵本と呼ばれ、聖書についで西洋世界で読みつがれることになる。事物として感官で認識できる世界を、絵として示し、それに言葉をつけたものであった。ただし、ここで留意しなければならない点がある。コメニウスが理想とした自然は、アダム堕落以前の天国であり、神の世界への回帰を内容としていた。堕落以前の善にもとづく自然（神の意志）、そこにある統一された平安な世界——それを彼は汎知体系という——への回帰を意味していた。その汎知体系を認識する方法として、自然な、つまりは人間に与えられた「自然の内発性」という方法を示したのであった。堕落以前の平和な世界への願望こそが「自然」において、最重要な課題であり、人間の内発性という「自然」はその方法として位置づけられていた。

市民と自然人

次に、「内なる自然」に即した消極教育論を主張し、西洋近代の教育思想にインパクトを与えたジャン・ジャック・ルソー（一七一二—七八）の『エミール』（一七六二）（『世界教育学選集三九・四〇・四一』明治図書、一九六八—九）をみてみよう。ルソーは『社会契約論』（一七六二）で人民主権説を展開し、フランス革命に影響を与えた社会思想家である。彼が、何故に、『エミール』で教育論を展開することになったのか。自由・平等を理念とする近代市民社会にあって、人民は固有の権利を有するが故に、多数の意思にもとづき社会・国家は運営されなければならない。しかるに、多数の意思は普遍性を持ちうるのか、この難題に直面することになる。近代市民社会とは諸種の制約から解放された自由な主体としての市民が、身一つで人間として生きる社会であること。そして、現実の人間は利己的な特殊意思を持つが故に、その累積としての多数意思が、必ずしも正義を表現することにはならない。市民として、特殊意思を超えた普遍的な一般意思を形成しなければならない。そこに、人間形成、教育が彼にとって必然的な課題となる。社会（政治）制度の変革にともなう人間の変革ではなく、人間の変革による社会制度変革の実質化の課題は、教育の営みに待たねばならないということであった。

その視点から現実の教育の事実を厳しく批判する。そのポイントは、現実の教育（学校）は、身分形成、社会的地位にかかわる準備教育であるが故に、その方法は人為的、反自然的だと批判する。対して、人間としての教育、つまり、生きることを知る人間の教育を主張する。その原理を子どもの「内なる自然」の善性に求めることになる。彼はいう。

人々は子ども時代とはどういうものであるかということをちっとも知らない。昔ながらの間違った考えをしているものだから、教育すればするほどいよいよ子どもというものがわからなくなってしまう。もっとも聰明といわれている人々でさえ、子どもの学習能力を考慮にいれないで、おとなにとって大切なことを子どもに一所懸命教えている。かれらはいつも子どもをおとなに近づけることにばかり夢中になっていて、おとなになるまでの子どもの状態がどんなものであるかを考えてみようとはしない。私が全力を注いだのは、じつにこのあるがままの子ど

もの状態についての研究であって、

それ故に、『エミール』は子ども発見の書とも呼ばれることになる。子どもの発見、子どもの自然性に即した教育を主張する。

この教育は、自然か、人間か、事物かによって私たちに与えられるものである。……ところで、この三通りの違った教育の中で、自然の教育は、私たちにはいかんともしがたい。……初めはそれらが私たちに生じさせる感覚が私たちにとって快いものであるか、不愉快なものであるかにしたがって、次にはそれらの事物が私たちにとって好都合なものであるか、不都合なものであるかの見きわめにしたがって、そして最後には、理性が私たちに与えるところの幸福もしくは完全という観念にもとづいて私たちがそれらの事物にくだす判断にしたがって、それを求めたり避けたりするものである。……そこで私たちは、すべてをこの原初的傾向に、つまりは自然の性向に、結びつけてゆかねばならない。

人間の自然性としての成長・発達の順序、つまり、感性から悟性へ、そして理性的判断へという段階性に応じて、教育は考えなければならないという。それ故に「自然を観察しなさい。そして自然の示してくれる道に従いなさい」と言い、「ゆえに最初の教育は純粋に消極的でなければならない。それは美徳や真理を教えることではなくて、心を悪徳から精神を誤謬からまもってやることにある。あなたがたが、何ひとつさせず、また何ひとつさせずにいられるなら、またあなたがたの生徒を、右手と左手を区別することもできないままに健康で頑丈な体にして十二歳まで導いていけるなら、あなたがたの与える最初の授業から彼の悟性の眼は理性に対して開かれるであろう」と、自然性にゆだねる消極教育論を主張している。「内なる自然」を原理とした時に、理性的判断力を持つ人間（市民）の形成が可能になるのだと。自然性を無視し、悟性的段階の子どもに理性的判断（善・真）を求めるが故に、本来理性的判断が可能になる時に、感性的、あるいは悟性的行為をとることになる。それが、現実の準備教育だと批判する。だとしたら、そこに市民社会の希望を見い出すことはできない。

しかし、自然人としての個人は、同時に市民社会の市民（公人）として、制度的制約を受けることになる。自然か社会的制度か、私と公の矛盾をどう統一しうるのか。

しかし、まず以下のことを考えて頂きたい。自然の人間を形成したいといっても、彼を未開人にして森の奥に追いやるわけではない。そうではなく、彼が社会の渦中にありながら、情念にも人々の意見にも押し流されないようにすれば充分なのである。そして、彼がみずからの眼で眺め、みずからの心で感じ、自己の理性という権威によるほかはいかなる権威によっても支配されないようになれば充分なのである。

彼は、「社会に生きることを知る人間」として理性的存在であることによって、それは統一できるという。ルソーの消極教育論は、人間の自由な主体的行為がともなう責任によって、認識が深化する「判断の教育」を重視することになる。それは、現実の生活が規制する人間形成力への着目であった。それ故に「貧乏人は教育は必要としない」という逆説を生むことになる。ルソーが子どもを発見し、生きることを知る人間の形成を目標に、自然性に着目したのは、身分制という中世的世界から解放された「生きる人間」という市民を発見し、近代人、近代社会を展望したが故であった。

留意すべきは、彼の消極教育論は、人間の自然性としての感性を積極的に肯定し、その先に理性的判断力の形成を見た点であった。自然としての人間は、まずは、自愛心をもち自己の生命の保存のために生きる、つまり、利己的な存在であること。ついで、同情心の発露によって、自愛と同情の統一による、幸福の追求――最大多数の最大幸福――を求める社会を形成する。しかし、幸福の追求はあくまで個別的利害の追求の結果にすぎず、それが善なる、正義なる価値を生むことにはならない。それは理性的判断にともなう一般意思の形成によらねばならないと、感性から理性へ、そして内的な判断力（良心）による絶対的な道徳の確立を展望している。それ故に、ルソーの『エミール』に感動し、理性の啓蒙による内なる自律による道徳形成を説くことになるカントは、正確な時計のごとき日常の時間（散歩）を忘れることになるというエピソードを残すことになる。

生活が陶冶する

ルソーの『エミール』に学び、かつフランス革命、フランス軍の支援を受けた一七九八年のスイス革命政府（ヘルヴェチア共和国）を支持したヨハン・ハインリッヒ・ペスタロッチ（一七四六—一八二七）は、後に、民衆教育・民衆学校の父、民衆学校の建設者と呼ばれることになる。墓碑には次の様にその生涯が刻まれている。

ここにハインリッヒ・ペスタロッチが休んでいる
一七四六年一月一二日チューリッヒに生まれ
一八二七年二月一七日ブルックで死んだ
ノイホーフでは貧しい人々の救い主
『リーンハルトとゲルトルート』においては民衆のための説教者
シュタンスでは孤児の父親
ブルクドルフとミュンヘンブッフゼーでは新しい民衆学校の建設者
イヴェルドンでは、人類のための教育者

人間、キリスト者、市民
すべてを他者のためにおこない、己のためには何事をも！
その名に祝福あることを！　あふれる感謝をもって（長尾十三二・福田弘『ペスタロッチ』清水書院、一九九一）

チューリッヒに生まれ、チューリッヒで学生生活を送るペスタロッチは、神学の徒から法学の徒へ、そして都市専制政治の改革を意識する青年であった。そのグループ「愛国者団」への弾圧によって、都市での活動を制限された彼は、ノイホーフで農場経営に取りくみ、善き自然な思いやり――親ごころ、子ごころ――に結ばれた共同体としての農村秩序の回復をめざすことになる。農場経営には失敗するものの、貧しい農村の子ども達への教育活動の経験から、貧しい民衆の子ども達への教育の可能性を確信することになる。ノイホーフでの経験を著した『隠者の夕暮』（一七八〇）、『リーンハルトとゲルトルート』（一七八一―八七）によって注目を集めることになる。生活し労働しつつ学ぶことの可能性に、彼は確信を持つことになる。『隠者の夕暮』（『世界教育学選集 三五』明治図書出版、一九六五）で次の様にのべている。

人間というものは、本来自分の必要にうながされて、自分の本性の奥底に、このような真理への道があることを見い出すものである。

「玉座に坐っている人も、あばらやに住んでいる人も、同じ人間といわれる人間、つまり人間の本質、それはいったい何であろうか」という人間の本質についての自らの問いに対する答えがこれであった。必要性に目覚めた時、真理への道を歩むことができる。その真理への道について、彼は次のようにのべている。

人類に純粋な幸福を与える力というものはすべて技巧や偶然のたまものではない。それらはすべての人間の内に、人間のさまざまな本性といっしょにひそんでいるものである。それを引き出して育てることこそ、人類共通の願いである。

「幸福を与える力」（幸福になる力）が、人間の本性であり、教育はそれに気づかせ、必要性にめざめさせ、その本性を引き出すことだとのべている。彼は人類の幸福は制度の改革によってのみ獲得できるものではなく、つまりは法的・権力的規制による秩序ではなく、道徳的な個の内奥の力によらねばならないという。道徳的品性の完成、目標としての近代の価値（自由・平等）を積極的に受けとめることになる。

私はこのたびの革命は、根本的には、人間性が育てられてこなかったことの必然の結果であるとみなしておりました。……自分たちで作りあげようとした外面的な政治の形成というものを私は信用していませんが、この人々が流行させた二、三の概念や、ひきおこした活発な関心などについては、それらが人類にとって本当によい何事かとどこかに結びついてしかるべきと考えていたのです。(『シュタンツ便り』(一七九九)『世界教育学選集 九二』明治図書出版、一九八〇)

「真理への道」に気づかせ、引き出すのは、いかなる方法によって可能となるのか。「善や悪の危険な符号、つまり言葉による説明は、いちばん最後にしなさい。……私は子どもたちに言葉で説明することを原則的にはいたしません」とのべている。「ここ三〇年来、自称啓蒙家たちによって、あさましい饒舌へといよいよ深く引きずりこまれ無力になっているため」と、啓蒙主義者による「真理の言語化」の進行が、言葉による教授原理を支持している点を批判している。対してペスタロッチは「どんな教授原理でも、子どもたちが直観できる、現実の境遇と結びついた経験として子どもたちに意識されたときに、初めて子どもたちにとって本当の教授原理たりうるということであります」と、直観と生活経験に結びつく教授原理を主張する。ルソーとは異なり、一般的な原理の提示にとどまることなく、実践者として「いっさいの教授手段を簡略化して、普通の人間なら誰でも自分の子どもをたやすく教えられるようにすること、そして初歩の基本的な事柄については、次第に順を追って、学校をほとんど平安のものたらしめるようにすること、これが私の目的でありました」と、「初歩の基本的な事柄」にかかわる簡略な方法を発見することであった。

この初歩点の探求は、主著『ゲルトルート児童教育法』(一八〇一)(『世界教育学選集 八四』明治図書出版、一九七六)で展開される。「真理の認識は、人間の場合、彼自身についての認識から出発する」として、「直観の海の混沌を止揚し、対象を整理し、類似の対象で関連ある対象を表象の中で再統一し、そうすることによってこれらすべてを明瞭にし、それがすっかり明瞭になったら、明晰な概念に高めること」とのべる。雑然とした対象を、直観的混沌から明確に、明瞭に、そして明晰な概念(定義)へと認識は自然に即して進行すると指摘する。直観から明晰への認識の深化は、術としての数、形、語を媒介することによって一般的な方法になりうるとのべている。

ブルクドルフ、ミュンヘンブッフゼー、イヴェルドンでのペスタロッチの学校は、民衆に直観から概念という原理にもとづく一斉教授法の実践で成果を上げることになる。一九世紀、西洋世界にあって、国民国家としての国民教育制度、つまり国民一般=民衆の教育は重要な政治的課題でもあった。各国・各地から多くの参観者を集め、ペスタロッチ主義の教授法は受容されていく。科学的教育学を提唱したヘルバルト(一七七六―一八四一)も、その一人であった。近代日本の学校教育もその例に漏れることはなかった。

最後にペスタロッチの生活教育論についてみておこう。ペスタロッチは、晩年の著作『白鳥の歌』（一八二五）（『ペスタロッチ全集 一二巻』平凡社、一九五九）で自らの教育論を「生活が陶冶する」と表現している。彼は、自然を「神的なるもの」「精神的なるもの」と理解し、その内実を「内心の静平」「調和」であるとしていた。民衆の生活とともにある中で、彼が実感したのは、「精神的なるもの」は「物質的」自然とともにあることであった。つまり、精神の形成と経済労働の合一が課題となる。彼の直観から概念へは、「直観できる現実の境遇と結びついた経験」、つまりは「生活」という具体を通して、普遍を求めるということを意味していた。それは、ルソーの感性から理性へという段階説ではなく、具体の経験・活動の中に普遍は存在することを意味していた。それ故に、「生活が陶冶」するとのべるのであった。

科学的教育学へ

教育学を哲学（倫理学）と心理学にもつづく科学的教育学とすべく、ケーニヒスベルク大学でカントの後任につく、ヨハン・フリードリッヒ・ヘルバルト（一七七六―一八四一）は、教育学ゼミナールを創設した。ペスタロッチと同時代の人であり、一七九九年、ブルクドルフに彼を訪ね、彼の学校を参観し、影響を受け、教育学の構想を深化させることになる。一八〇六年『一般教育学』（『世界教育学選集 一三』明治図書出版、一九六〇）を著わし、科学としての教育学を論じている。

彼は教育は単なる経験や習慣にもとづくものではなく、科学的基礎を持たねばならない。如何なる人間（道徳的品性）を形成するのか、教育の目的はsollen、当為としての価値を明確にしなければならない。それは哲学的科学にもとづかねばならないという。そして、その道徳的品性という目的達成の方法（プロセス）は、人間の諸性質を科学的（経験・形而上学・数学にもとづく科学）に追求する心理学によらなければならないとした。彼の教育学の体系を示したのが左の図表である。

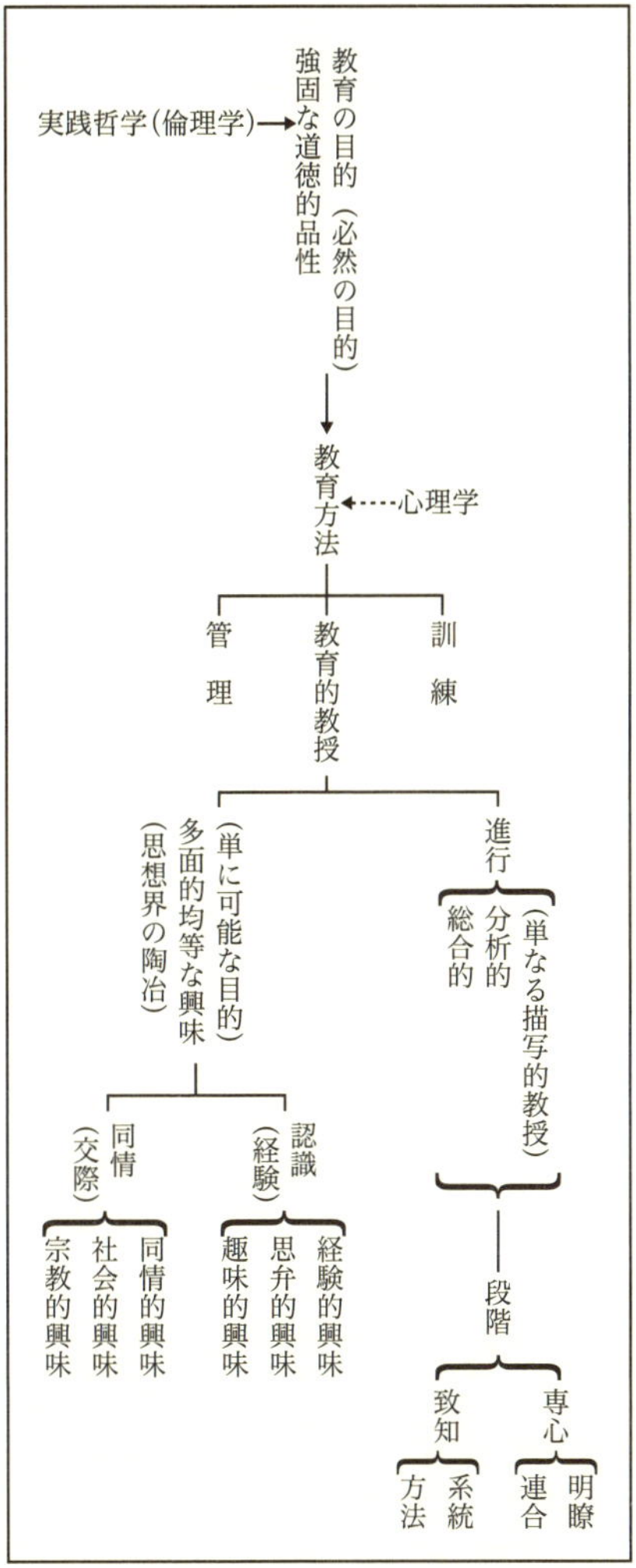

三枝孝弘『一般的教育学』（世界教育学選集13）解説、明治図書出版、1960。

彼の哲学的立場は、カントの「道徳的性格」の形成という教育論に影響をうけつつも、それは「自らの責任において自覚する」という観念的（超越的）な哲学で、それに向けての人間の成長発達を基礎づけられないと考えたことであった。いかにして、「道徳的性格」を形成しうるのかを実践的、方法的レベルで体系化することが彼の哲学的立場であった。教育学は先験的（超越論的）哲学ではなく、つまり、概念から経験を演繹するのではなく、教育学は経験から出発しなければならない。経験の矛盾を修正するために、哲学による概念の修正が求められるとした。多義の実在の関係によって現象が生成する。「多義な実在」（多面的興味）とその「関係の方法」に教育学は関与して構成されねばならない。教育は子どもの心性に働きかける行為であるが、その心性は一つの実在であり、他の実在と関係することによって表象を生じることになる。その現象（表象）は、「専心」と「致知」の作用によって生まれる。したがって、表象の生成は「多面的な興味」に対応して生じることになる。その表象の世界（思想界）の陶冶と道徳的品性（必然の目的）の陶冶が、教育の本質的部分であると主張している。

教育目標＝道徳的品性の陶冶は、「教育的教授」の直接的課題となる。「教育的教授」による「意思の根源」の構成は、「訓練」としての直接的心情への働きかけと、教授と訓練を有効に統一する「管理」という「広義の教育」をともなうとのべている。教育の中心となる「教育的教授」のプロセスを構成する「専心」は更に明瞭・連合の二段階に、「致知」は系統・方法の二段階に区別されることになる。後継者のチラー（一八一七―八二）は、分析・総合・連合・系統・方法を、ライン（一八四七

―一九二九）は予備・提示・比較・概括・応用の五段階教授論を主張することになる。このヘルバルト学派の五段階の形式段階説は、日本の近代学校の教授様式に圧倒的影響を与えることになる。一八八七年来日したハウスクネヒト（一八五三―一九二七）は、一八八九年帝国大学に設けられた特約生教育学科でヘルバルト主義教育学を講じている。その教え子を中心に、一九〇〇年代に形式段階説が教授法の技術として普及し、今日の指導案の源流となる教案作成の定型化が確立していくことになった。

学校は活動的な社会生活を営む小社会

教育と学校を「教育は経験の再構成である」（『民主主義と教育』一九一六）と、プラグマティズム哲学の立場から捉え直したのが、ジョン・デューイ（一八五九―一九五二）であった。デューイの学位論文は「カントの心理学」であり、ヘーゲル主義者（客観的観念論）として出発するも、ジェームズ（一八四二―一九一〇）、ミード（一八六三―一九三一）との交流を経て、道具主義（実験主義）の哲学へと進んでいく。観念は行動のための道具であり、思考は環境を統御する努力とともに進化するという道具主義の立場をとることになる。この哲学的立場は、彼が教育（学）の理論化を自らの課題とすることにともなって深化したといわれる。観念は、現実の行動にかかわって使用される時に検証され、その誤りも是正されるとする道具主義・実験主義の立場から、一八九六年シカゴ大学に実験学校を開設し、自らの理論を実践する。『学校と社会』(一八九九初版)(岩波文庫、一九五七)は、この実験学校の実践にかかわっての著作である。それによりながら、彼の学校論(教育論)を見てみよう。

「いつでもわれわれが教育上の新運動についての論議のことを考えるばあいには、これまでよりもひろい、いいかえれば社会的見地をとることが、とりわけ必要である」とのべるデューイは、何よりもそれは「産業上の変化」であり、科学技術の進歩にともなう大量な工業生産と、市場の拡大にあるという。それにともなって旧来の家庭生活を中心とした生産・流通の世界は崩壊し、その生活経験にともなう主体的な人間形成力も衰退した。学校は学科の教授による実学(読・書・算)中心に営まれてきたが、実学は観念として教授され、現実の行動に結ぶことなく、教育的浪費の場になっているという。

「われわれは木工・金工・編物・料理などを個別的な学科と考えるのではなく、生活および学習の方法と考えねばならぬ」と、手工作業は、有用な知識・技術の獲得のためではなく、子どもの興味を刺激するためでもなく、教育の目標と方法を持つことに着目しなければならないという。なぜならば「学校の課業がたんに学科を学ぶことにあるばあいには、互いに助け合うということは、協力と結合との最も自然な形態であるどころか、隣席のものをその当然の義務から免れさせる内密の努力となるのである。活動的な作業がおこなわれているところでは、すべてこれらの事情は一変する」、つまり、活動的(手工)作業の「その目的は生産物の経済的価値にあるのではなく、社会的なちからと洞察力の発達にあるのである」とのべる。つまり、教育の目的、学校は、活動（手工）を通して社会を構成する人間が持つ共通の精神を発見し、「協力と結合」の力を形成することであり、産業化にともなう社会的対立（資本と労働）を改造しうる洞察力を養うことでなければならないという。それ故に、学校は活動的社会生活の場であり、かつ、その社会は社会の進歩・改造を表現するものであるとのべている。

「私の教育学的信条」（一八九七）（『世界教育学選集 八七』明治図書出版、一九七七）によって、彼の実験学校の理論を辿ってみよう。

教育とはなにか。「すべての教育が人類の社会的意識に参加することによって行われる。……唯一の真の教育は、子どもをとりまく社会的事態の諸要求が、子どもの諸能力を刺激することを通して生ずる。……他人が自分自身の諸活動に対して行う反応を通して、子どもは、これらの諸活動が社会関係の中でどのような意味をもつものであるかを知るようになる。この教育過程は二つの相をもっている。一つは心理学的方面、他の一つは社会学的な面である」とのべる。観念が行動を生むのではなく、要求にもとづく行動が観念を生みだすのだという。そして、個人は社会的個人であり、社会は個の有機的共同体であるが故に、個の内的構造・成長を考察する心理学とともに、社会科学として個々人の正しい組織化の学としての社会学に基礎をおかねばならないという。ヘルバルト教育学の教育目的は哲学にもとづくとした点を、価値的にではなく機能的に捉えることを提起している。

次に学校とは何かについて、社会的個人、有機的共同体としての社会の中に存在する具体的な個人の活動の場が学校とならねばならないという。「学校は、本来、一つの社会的制度である。……学校は、現在の生活――子どもが家庭において、あるいは運動場において営んでいるものと同じように、彼にとって現実的で生き生きした生活――を表現しなければならない」と、のべている。

では、生活を表現する＝活動する学校の教育内容はどう構成されねばならないのか。現実の学校は「一定の知識をあたえたり、一定の課業を学習させたり、一定の習慣を形成させる場所と考えられている」、これは単なる準備であり、子どもの生活経験の一部とはなりえず、教育的力とはなりえないという。デューイは続ける。「それゆえに、諸科目の相関における真の中心は、科学でも、文学でも、地理でもなく、子ども自身の社会的活動である。……結局、教育は、経験のたえざる再構成としてかんがえられなければならないものであって、教育過程と目標とは、全く同一の事柄である」と。なぜなら、「意識的状態（観念―筆者注）は行動に具体化される傾向をもっている」が故に、観念（知的・合理的な諸過程）を「行動の手段を選択・用意すること」と無関係に教えることは無意味であるという。教育方法の本質は、「諸観念は行動の結果で」あり、行動と一体のものとして諸観念を理解する点にあるとのべている。

経験の再構成としての教育は、学校と社会の進歩・改造を促すことになると主張する。「教育は、社会的意識を共有していく過程の規正である。このような社会的意識にもとづく個人の活動を調整することこそ、社会的改造の唯一確実なる方法である」という。すなわち、「社会的意識にもとづく個人の活動の調整」＝個人主義的理想は制度的理想に連続していくと指摘する。デューイの構想する学校は、活動的社会生活の場であるとともに、その小社会は社会の進歩・改造を表現するものでなければならなかった。しかし、個人的理想が制度的理想に連続するという「楽観的」な見通しは、現実の歴史の進行の中で破綻を示すことになる。社会的問題の深刻化（資本と労働、資本主義と社会主義の対立）にともない、学校という小社会は現実の社会と隔離され、結果として学校内での児童中心主義として展開されていくことになる。

学校（教育）と社会、社会の進歩・改造と学校教育はいかにして統一できるのか。近代市民社会を展望し、理性的人間像を教育の課題としたルソー以来、近代社会の教育が問い続けなければならない課題であるといえよう。

デューイの経験主義哲学に立つ教育論は、大正期の日本の新教育に多大な影響を与えたのみならず、戦後教育の出発と展開は、この経験主義の教育論とともにあったといえる。近代（現代）日本におけるデューイ教育学の受容のあり方は、日本の教育学の特質を映し出す鏡の存在であるともいえよう。

戦前にあって、デューイの経験主義哲学にもとづく教育学は、子ども中心主義の大正新教育運動に対応して受容され、子どもの活動・作業を方法レベルで取りこむ形で実践されていった。彼の子ども中心主義が、経験の不可知性にもとづく連続であるという人間観・社会観にあることを理解するまでに進むことは例外的なことであった。戦後の教育改革にともなって、第一四、一五章でのべるように人間の自立と主体性の育成にかかわって、経験主義哲学にもとづく問題解決学習法が導入された。戦後教育の理念と基本方針を定めた旧教育基本法は、「真理と平和を希求」する人間の育成とそれを表現している。その「希求」の実践方法としての問題解決学習は、デューイのいう「経験の再構成」に連なる思想を含むものであったといえよう。戦後教育は、この「希求」することの教育的意味を、どれほど深く追究しえたのであろうか。

第一〇章　自然観と近代教育

肯定・受容としての自然

　教育と学校の思想を日本（第五〜八章）、西洋（第九章）と概観してきた。なぜ、前近代の日本社会の教育文化が温和な方法によっていたのか、対して体罰を方法とする厳しい西洋中世の教育文化が温和な方法に展開していったのかをみてきた。江戸末期には、西洋人自身が自然な日本の子育て文化とルソーの『エミール』を重ねるほどに、ともに自然にもとづく教育の可能性を確認していた。

　しかし、日本社会での自然観と西洋社会でのそれは明らかに異なるものであった。西洋にあっては自然概念によって現実の社会・教育を批判し、人為による近代社会の形成を自然を原理とした教育によって展望していくことになる。日本の近代教育は西洋近代をモデルに学校教育を導入し、人為的な国民形成を推進するが、大きな抵抗もなく「自然」なものとして人為による近代教育を受容していくことになる。この自然観の比較から、日本の教育文化と近代教育での変容について考えてみることにする。

日本社会にあって自然の存在は、カミそのものであった。万物にカミが宿り、カミは畏れ（敬意）の対象として存在していた。キリスト教の絶対的人格神、それは命ずる神であり罰する神であったが、日本のカミは主体的に人間が畏れを感じることによって存在するものであった。したがって外的環境としての自然と人間は一体であり、人間存在も人間が構成する社会も自然そのものと理解することになる。中世・近世の身分制社会、戦国の世もまた一つの自然として受け止められていた。身分・職業を自明の前提にしたそれぞれの共同体内における自然性にもとづく学びと習いの世界が構成されていた。能力による人材登用の大学寮が貴族の世襲制の前に衰亡していくのもその一例であった。

イエ・ムラの共同体の中で、生活・労働を通して自己を形成する、その限りにおいて人間の自然性に即して学びの世界が形づくられていくことになる。共同体内での経験の積み重ねとして智恵を継承し、人間の身体・精神の成長に即したシツケの世界が現出することになる。柳田國男の言うごとく、俚諺は当初は教訓的意味を持たず、人々の生活経験が生み出した智恵を表現したものであり、智恵＝常識として伝承され自己の判断によってどう生かすかは当事者にゆだねられていた。生活が生み出した自然の智恵そのものに善悪の基準を求めることはなかった。仏教・儒学の普及にともなって、教訓（倫理）として善悪の基準を示し、行動の規範を示すことになったという。何が正義であるかを説明することにともなって俚諺の機能は変化することになる。

文字文化の普及にともなって、仏教的、儒教的価値観が庶民の世界にも受け入れられていく。しかしそれは、自らの生活・労働体験に根ざす「通俗道徳」の倫理化の文脈においてのことであった。人間（自己）の存在、社会の構成を問う方向性に、文字文化は必ずしも向かうことにはならなかった。善を積むことによる救済を説く仏教も、普遍的な理を根拠に努力修養による道徳性の完成を説く近世朱子学も、自己の内面の道徳性を深化させるものの社会の構成、現実の社会の人為性に眼を開くことはなかった。つまるところ、日本の温和な方法は、共同体の温和な秩序を前提にした性善説と自然性に裏づけられた教育文化にもとづくものであったといえよう。外的自然を畏れるべく受容するごとく、人間的世界も自然なものとして受容する共同体内での人間形成論であった。それは、経験が生み出す智恵＝常識と観念的な正義とのズレへのこだわりを持つことなく、未来は変革可能とする社会観・人間認識を持ちえなかったことでもあった。

しかし、一九世紀後半、温和な方法を担保してきた共同体での人間形成の基礎がゆらぎはじめることになる。西洋列強のアジア進出と国内的には商品経済の発達を起因としてであった。鎖国によって維持してきた朱子学的観念の世界は、西洋の近代科学・技術の前にその虚構性が明白になる。身分制的・共同体的秩序を超えた人間と社会を展望する動向が勢いをますことになる。現実としての身分制、共同体が自然な存在でないことを認識することになる。ここに、日本においては自然な教育＝現実を肯定・受容する教えない教育は、社会・国家の改革を課題とする教える「人為の教育」へと展開することになる。

次にみるように西洋の近代教育は自然概念によって現実の社会・教育を批判し、自然を原理に未来を展望する消極教育論を構成していくことになる。それ故に、人為の教育は常に自然の原理との緊張関係において規定されることになる。しかし、日本の近代における人為としての教育への転換は外的要因によるものであり、自然概念（原理）にもとづくものではなかった。それ故に、近代教育の人為性は自然という原理の規制を受けることなく、この人為の教育（教える教育）の展開自体を「自然」なものとして受容していくことになる。それ故、前近代の温和な方法から近代の厳しい教育の展開へと、西洋世界とは逆方向をとることになったといえよう。

批判・理想としての自然

中世キリスト教社会にあっては、全ての存在は神の創造によるものであり、全ての存在の秩序は神によって決められたとする世界観・人間観を基本的思想としていた。一七世紀、ルネッサンスを経て、観察と実験を方法とする経験を認識の根本とする経験主義、デカルトによる懐疑＝思惟による合理的認識論にともなって、人間と社会の不合理性が課題として認識されていくことになる。

コメニウス（一五九二―一六七〇）は、統一された平安な世界こそ神の創造にかかわる世界であると認識した。現実のプロテスタントとカトリックの抗争・分裂は理解しがたいものであった。彼はカトリック的世界観の教化が、性善なる人間の認識をゆがめており、その偏見が分裂・抗争を生みだしていると認識した。人間の善性こそ自然であり、つまり神が創りし人間の姿であるが故にアダムとイヴの堕落以前は、統一と平安の世界が現実であったと。コメニウスは自然を、現実を批判的に捉え直す方法として認識することになる。そこで、彼は神の創造にかかわる体系的秩序を汎知体系として、それを性善なる子ども（人間）が主体的に学ぶことは可能であるとした。

ルソー（一七一二―七八）は一七六二年、『社会契約論』と『エミール』を著す。社会契約論は、人間の自愛心と同情心の統合をめざす市民社会の現実が、人間の利己心にとらわれた個別利害の集積であること、したがって多数者の意思が正義に結ぶことにならないことを指摘する。それ故に、一般意思にもとづく絶対的道徳性を想定し、それとの社会契約による市民社会を構想することになる。その絶対的道徳性を持つ人間の形成、教育の方法を論じたのが『エミール』であった。現実の言語注入主義にもとづく教育を未来を確定したものとして特定の型にはめる野蛮な教育、つまりは自然性に反する教育と批判した。子どもが子ども時代を存分に楽しく生きること、感性から理性へという自然な人間発達に即した教育でなければならないとした。つまり、彼の「内なる自然」とは、人間の性善説にもとづくものであった。性が善なるが故に、その性の本来の発達に委ねる教育こそ理想であり、理性的判断にともなう一般意思の形成も可能とするものであった。コメニウスのごとく汎知体系として理想的自然が用意されることはない。人間の主体的な学びにともなって、普遍的意思を媒介に社会と個の契約という人為的な市民社会を構想することになる。

ペスタロッチ（一七四六―一八二九）は、ルソーの主体的な経験（判断）にともなう内的自律による徳性の形成を、生活・労働という具体的場面に即して、直観から概念へと精密な方法論として展開していくことになる。こうして、一七世紀以後、西洋の近代教育思想は、自然概念を原理に現実の無秩序、不平等を批判し、人間の自然性（性善説）にもとづく教育論として展開していくことになる。そこでは、常に自然性と人為的な社会の関係は緊張感をもって問い続けられることになる。さらにいえば、中世キリスト教社会での絶対的な神の権威に対して、人間の精神（心）の尊厳＝人間の主体性を主張する根拠が人間の善性という自然観であったといえる。しかし、西洋世界は神を捨てることなく、神と善性との緊張関係も根強く存在することになる。

絶対的な神を持つ西洋世界の批判・理想の原理としての自然観と、主体的にカミを感じる日本の肯定・受容の自然観とは本質的にまじわることはなかったといえる。それ故に、カッティンデーケ（一八一六―六六）は日本の子育ての世界をルソーと重ねて積極的に評価したが、青年期以後の放任的教育には批判の眼を向けている。理性にもとづく普遍的道徳性の形成と未来社会を展望する西洋の教育思想と、善性にもとづく個の修養に還元し共同体の生活を受容する日本社会の自然観・人間観との違いは明らかであった。

日本の近代教育の課題

日本の近代教育（学校）制度は、一八七二年の「学制」によって本格的にスタートする。「学制」の近代教育観を国民に説諭するために学制布告書（太政官布告第二一四号）が出される。そこでは、身を立て産を治めて豊かな人生を追求する生き方が、近代人であることが示される。共同体的秩序を前提にした上下関係にもとづく人間像ではなく、個として自立し幸福を追求する主体としての人間像が示されることになる。イギリス流の功利主義、つまりは「最大多数の最大幸福」を理念にした個の幸福の追求を近代人、近代社会の基本的価値とするものであった。そして、その個人の価値は知識才芸の量によって判断されるとしていた。その知識才芸を学ぶ場が近代学校であると説明していた。

しかし、ここには西洋の近代教育思想が課題とした自立した個の集積が善き社会（国家）を構成しうるのかという問いをみることはない。個人の幸福追求という利害の集積の先に予定調和的に近代社会（国家）、つまりは「道徳的共同体」としての国家を想定しているかのごとくである。自立した個を単位とする近代社会は多数の意思を尊重しなければならない。したがって、個の自立を求める教育論は、代議制を求める自由民権運動に重なりながら展開していくことになる。他方、儒教主義にもとづく徳治論の立場からは、「公論衆議」に普遍性を求めることができるのかとの批判が出されることになる。近代にあっては、個別利害を超えた判断力を持つ人間の形成が求められる。近代の科学・技術の受容としての知識才芸を内容とした個の自立は、いかにして個別利害を超える判断力を持つ人間像に結ぶことができるのか。日本の近代教育の課題はそこにあったといえよう。

久米邦武の文明比較論

一八七一年から一八七三年にかけて、岩倉具視（一八二五—八三）を全権大使とする大型使節団が西洋に派遣される。幕末期に結んだ不平等条約改定の準備と近代国家確立のための司法・財政・教育制度等の調査のためであった。その使節団の記録を担当した久米邦武（一八三九—一九三一）は『米欧回覧実記』（一八七八）を著わしている。その最後の総括部分で日本と西洋の文明を比較し、日本の近代化に際しての歴史的条件の差異に注意をうながしている。

白種ハ情慾ノ念熾ニ、宗教ニ熱中シ、自ラ制抑スル力乏シ、略言スレハ慾深キ人種ナリ、黄種ハ情慾ノ念薄ク、性情ヲ矯揉スルニ強シ、略言スレハ、慾少キ人種ナリ、故ニ政治ノ主意モ相反シ、西洋ニハ保護ノ政治ヲナシ、東洋ハ道徳ノ政治ヲナス、大体如此クニ反シタレハ、百般ミナ其趣キヲ異ニセリ

西洋人は慾深い人種であり「快美ノ生活」を求め、「自主ノ権」を主張する。それ故に、その秩序化のため保護政治＝法制度にもとづく政治がおこなわれている。「自主ノ権」＝「自由」を前提に、そ

れがもたらす弊害を防ぐ政治がおこなわれていると。他方、東洋・日本人（社会）は情欲少なく、したがって自主の権・自由を主張することもない。したがって「道徳ノ政治」となっていると記している。近代が個の自立、つまりは「自主ノ権」「自由」を価値とする以上、それを秩序化する道徳性の形成が教育の課題になる。日本の前近代社会のそれぞれの共同体内での温和な方法は個の自立、自主の権利主体としての人間形成と両立しえるのか、あるいは、対立することになるのかが問われることになる。生活経験そのものとしての共同体的秩序観は、イデオロギーとしての儒教的徳治観＝道徳的共同体意識とともに、社会意識として根強いものであった。

第一一章　作為と自然をめぐる教育論

教育と教学をめぐって

近代の知識才芸を身につけた自立した個を如何にして国民として秩序化しうるのか。日本の近代の負うべき課題の困難さを認識するのが、岩倉使節団で教育問題を担当する木戸孝允（一八三三―七七）であり田中不二麿（一八四五―一九〇九）であった。米国に到着後、木戸は「今日の開化は真の開化にあらず、十年後其病を防ぐ只学校之真学校を起こすに在り田中氏なども余程心懸け候様に相察申候」と、田中ともども「真の開化」を可能とする「真学校」とは何かをテーマとしていた。彼等は米国での実地調査とその案内者となる新島襄（一八四三―九〇）との交流によって、その課題を深く認識することになる。新島は、幕末に米国に密航しハーディ家の援助によって、アンドーヴァ神学校に学ぶキリスト教徒であった。彼は木戸と田中に国民教育とはいかあるべきかを語ることになる。よき国民よき市民であるためには、国民も市民も知性的でなければならない。しかもその知性は道徳上の主義にもとづいたものでなければならない。道徳の主義にもとづかない知性は国家を破壊することになると語るのであった。

その新島について木戸・田中は信頼をよせ耳を傾ける。木戸は日本の留学生が「浅学の徒」であって、表面的な理解にもとづく「開化」を唱うるのみであることに不満を強めていた。彼は新島を「厚志篤実」なる学徒と信頼し、田中も新島を欧州の調査に同道することになる。彼等の共通のテーマは、日本の近代教育はいかにして知性と徳義を統合した国民を形成できるかであった。木戸の表現を借りれば「手間取候とも骨髄上より進歩いたし、いつでも真似出来候皮膚上之事は不言とも」ということになろうか。もちろん新島は道徳性はキリスト教によるべきとする立場であり、木戸、田中には同意できないことであった。

何をもって道徳の基本となしうるのか。近代の知識・技術の受容と道徳性をいかに統合し、自立した個人をいかにして国民として統合しうるのか。しかも日本の近代教育（学）は短期間でそれを達成しなければならない歴史的制約下にあった。さらに、久米邦武が指摘するごとく、日本の歴史的現実は、個の自立を抑制する共同体的な徳治主義が根強いものであった。

西洋の近代教育思想は、歴史的現実を作為の結果とし、そのゆがみを是正しあるべき社会（国家）を担うべき人間を「自然」の原理にしたがって形成する点にはじまっていた。つまりは、教育的営為は、あるべき近代社会を構成する人間の形成にかかわる人為的な営みであった。他方、前近代の日本社会は人間と歴史的事実を「自然」なるものと受容し、それを前提に人間の「自然性」（発達の順序）に即した人間形成を子育ての文化としていた。それは、近世において儒学の論理によって徳治主義の思想として定着していくことになる。目標とすべき人間像（徳のある人間）は歴史によって形づくられ現実に存在する、つまり「自然」な規範であり、全ての人間は天性として与えられた理（善性）によってそれを「自然」に学ぶことができるとする人間形成論であった。いわば人間形成の営為は、人為的に想定される理想的人間像に向けての人為的営みとする近代教育に対して、日本の教育文化は、「自然」に（おのずと）形成された理想的人間像は「自然」に学ぶことができるとするものであった。共同体内での生活による「自然」な人間形成論ともいうべきものであった。

したがって、西洋近代の教育制度、それを支持する教育思想の急激な導入に、「自然」な人間形成論を支持する社会的意識＝道徳的共同体意識は強固であり抵抗することになる。それを、ここでは教育論と教学論の対立としてみていくことにする。両者の主張が明確にからみあうのは、一八七九年の「教育議論争」（徳育論争）であった。きわめてシンプルな形で近代教育思想と徳治主義的教学論の論点をみることができる。

教育議論争の意味

一八七九年、文部行政の舵をとる田中不二麿は、知識才芸中心の「学制」に代え、「教育令」公布の準備をすすめていた。「学」から「教育」への展開は、国民の形成は人為的な、知識と徳行の結合によらねばならないとすることを意味していた。道義にもとづく知性をもつ国民の形成を課題とし、その道義の内容として愛国主義を掲げることになる。この改革に徳治主義にたち、「仁義忠孝」の「自然」な徳目の教化を教育の基本とする明治天皇の側近奉仕者である元田永孚（一八一八―九一）は反発することになる。彼は天皇の意を受けて「教学大旨」と「小学条目二件」を草し、明治政府に提示し、教育政策の変更を求めることになる。

元田は「教学大旨」で、維新後の社会的秩序の混乱は教育政策の誤りの結果であるという。つまり、知識才芸重視で「仁義忠孝」の教化をおろそかにした結果だと。たしかに、維新後の近代化政策の矛盾が顕在化し、一八七六年の地租軽減を求める農民の運動、一八七七年の西南戦争、そして国会開設を求める自由民権運動と社会的秩序は乱れていたといえる。第一の論点は社会的秩序の乱れは教育政策の誤りにあると認識するか否かであった。つまり、政治と教育の関係性にかかわる論点であった。第二の論点は、徳育は「仁義忠孝」を「国教」として徹底し、その後、必要なら知識才芸の教育にすすむべきとする本末是正論の主張であった。特定の徳目を政府が「管制」しうるか否か、近代国家の中立性にかかわる論点であった。第三の論点は、徳目の「学び」は天性として善性を与えられているが故に、知識を知る前に「脳髄ニ感覚」させることによって可能となるとする「自然」な「学び」論か徳性は知性と一体化して学ぶべきかの教育論にかかわってであった。

この「教学大旨」に対して、井上毅（一八四三―九五）が伊藤博文（一八四一―一九〇九）の意をうけて「教育議」で反論する。第一の論点について、社会的秩序の混乱を認めるが、要因は政治の改革（歴史の変革）にともなう必然の結果であって、教育政策に主因を求めるべきでないとのべる。鎖国から開国、身分制から四民平等、言論の自由へと社会のシステムの改革にともなう混乱であって、まずは政治のレベルで対応すべき事態であるとのべる。つまり、教育は社会に対して「間接の効」をもつにすぎないと。個人の道徳性を全ての前提におく徳治主義と、政治＝制度構築の責任と道徳の責任を区別する近代的思考の相違にねざすものであった。

第二の「仁義忠孝」を「国教」とすべきとの主張は、近代国家にあって国家は国民の良心の自由に関与してはならないという原則に反することになるとのべる。第三の論点については、儒学（漢学）をベースとする「仁義忠孝」論は、抽象的観念的な概念であり、空理空論にもとづく過激な論を生み出すことになる。自由民権運動の参加者は漢学の学習者が多いと指摘する。それ故に、近代科学の観察・実験という方法によって事実に即した合理的思考の形成こそ望まれると反論している。

井上の「教育議」に対して元田は「教育議附議」を提出する。そこで元田が力を込めるのは、「仁義忠孝」を「国教」とする意味についてであった。彼は「仁義忠孝」の徳は、天祖が体現した徳であり、今日まで継続しており「自然な教」となっていること。つまり、「仁義忠孝」は天皇を中心にした共同体が自然に形成してきた道徳的価値であり、したがって、特定の価値の創出と教化にあたらないという。政府の「管制」を批判するが、政治家が個人として自らの判断において推進することに何が問題となるのかと反論する。徳治論が政教一致、公私一体論をとる限り、当然な反論であった。

近代国家の国民の形成、つまりは知性と徳義の結合を課題とする教育論に対して、元田は「自然な教」＝歴史的に存在してきた「仁義忠孝」にもとづく、天性にうながされての「自然な学び」という教学論を展開した。近代日本における教育論の受容は、人間形成をめぐる「作為」と「自然」の対立の様相をおびることになる。そして、一八八九年の帝国憲法の制定をうけて、戦前の教育理念を確定する教育勅語が一八九〇年に「下賜」されることになる。この教育勅語は、結論を先取りすれば、元田的教学論をベースにしたものであった。「自然」な教と「自然」な学という教学論は、いわば近代日本の公教育思想を形づくることになる。それは何故であったのか。教育勅語の成立をめぐって、近代教育の何が論点になったのかをみていくことにする。

第一二章　教学論と教育勅語（一）

教育勅語とは

　まずは教育勅語について説明する。全体で三一五文字の短い文章である。冒頭の「朕惟フ」から四行目から五行目にかかるところ、「教育ノ淵源亦実ニ此ニ存ス」、ここまでが第一段落、総論ということになる。ここでは「皇祖皇宗」、天皇の祖先による建国から万世一系の統治が我が国の歴史であり、それは天皇の道徳性の高さ、統治のゆえであるとのべる。この点が他国の王朝が権力による支配であったがゆえに興亡をくり返すのに対して優越性を示すことになる。それに対して臣民が「克ク忠ニ克ク孝ニ」と、天皇に忠、親に孝をつくしてきた。そのことのゆえに日本の国は今日まで安定的に存続しているとのべる。これが「国体の精華」、つまり国柄の特徴であって、教育はこの忠孝の教育を基本にしなければならないとのべている。

　次に五行目の「爾臣民父母ニ孝ニ……」から一二行目の「爾祖先ノ遺風ヲ顕彰スルニ足ラン」、こ

朕《チン》惟《オモ》フニ我《ワ》カ皇祖《クワウソ》皇宗《クワウソウ》國《クニ》ヲ肇《ハジ》ムルコト宏遠《クワウエン》ニ
徳《トク》ヲ樹《タ》ツルコト深厚《シンコウ》ナリ我《ワ》カ臣民《シンミン》克《ヨ》ク忠《チユウ》ニ克《ヨ》
ク孝《カウ》ニ億兆《オクテウ》心《ココロ》ヲ一《イツ》ニシテ世々《ヨヽ》厥《ソ》ノ美《ビ》ヲ濟《ナ》セル
ハ此《コ》レ我《ワ》カ國體《コクタイ》ノ精華《セイクワ》ニシテ教育《ケウイク》ノ淵源《エンゲン》亦《マタ》實《ジツ》
ニ此《コヽ》ニ存《ソン》ス爾《ナンヂ》臣民《シンミン》父母《フボ》ニ孝《カウ》ニ兄弟《ケイテイ》ニ友《イウ》ニ夫婦《フウフ》
相《アヒ》和《ワ》シ朋友《ホウイウ》相《アヒ》信《シン》シ恭儉《キヨウケン》己《オノ》レヲ持《ヂ》シ博愛《ハクアイ》衆《シウ》ニ及《オヨ》
ホシ學《ガク》ヲ修《ヲサ》メ業《ゲフ》ヲ習《ナラ》ヒ以《モツ》テ智能《チノウ》ヲ啓發《ケイハツ》シ徳器《トクキ》
ヲ成就《ジヤウジユ》シ進《スヽ》テ公益《コウエキ》ヲ廣《ヒロ》メ世務《セイム》ヲ開《ヒラ》キ常《ツネ》ニ國憲《コクケン》
ヲ重《オモン》シ國法《コクハフ》ニ遵《シタガ》ヒ一旦《イツタン》緩急《クワンキフ》アレハ義勇《ギユウ》公《コウ》ニ奉《ホウ》
シ以《モツ》テ天壤《テンジヤウ》無窮《ムキユウ》ノ皇運《クワウウン》ヲ扶翼《フヨク》スヘシ是《カク》ノ如《ゴト》キ
ハ獨《ヒト》リ朕《チン》カ忠良《チユウリヤウ》ノ臣民《シンミン》タルノミナラス又《マタ》以《モツ》テ
爾《ナンヂ》祖先《ソセン》ノ遺風《ヰフウ》ヲ顯彰《ケンシヤウ》スルニ足《タ》ラン
斯《コ》ノ道《ミチ》ハ實《ジツ》ニ我《ワ》カ皇祖《クワウソ》皇宗《クワウソウ》ノ遺訓《ヰクン》ニシテ子孫《シソン》
臣民《シンミン》ノ倶《トモ》ニ遵守《ジユンシユ》スヘキ所《トコロ》之《コレ》ヲ古今《ココン》ニ通《ツウ》シテ謬《アヤマ》
ラス之《コレ》ヲ中外《チユウグワイ》ニ施《ホドコ》シテ悖《モト》ラス朕《チン》爾《ナンヂ》臣民《シンミン》ト倶《トモ》ニ
拳《ケン》々《く》服膺《フクヨウ》シテ咸《ミナ》其《ソノ》徳《トク》ヲ一《イツ》ニセンコトヲ庶幾《コヒネガ》フ
明治《メイヂ》二十三年《ニジフサンネン》十月《ジフグワツ》三十日《サンジフニチ》
御《ギヨ》名《メイ》　御《ギヨ》璽《ジ》

『尋常小学修身教科書　巻四』児童用。1920（大正9）年発行

こまでが第二段落となる。いわゆる孝・友・和・信などの日常的道徳の徳目がのべられる。教育勅語は、時代を超えた普遍的道徳をのべているといわれる時、この第二段落の「父母ニ孝ニ……」が持ち出される。しかし、全体の構造はそれ程単純ではなく、それ等の日常道徳も「一旦緩急アレハ義勇公ニ奉シ以テ天壌無窮ノ皇運ヲ扶翼スヘシ」に収斂し、国家・天皇への奉公という価値に集約されることになる。普遍的価値といわれる徳目が並立しているのではなく、上下の構造をもった並びとなっている。

そして、第三段落が「斯ノ道」から最後までとなる。「古今ニ通シテ謬ラス之ヲ中外ニ施シテ悖ラス」と、歴史的にも諸

外国に対しても普遍性を持つのだとしめくくっている。この三一五文字の小文が戦前の教育（学）のみならず、日本の国のかたちそのものを規定し、国民の思想と行動を抑圧していくことになる。

この草案を作成する井上毅が苦心したのは、忠孝という価値がなぜ国民教育の基本でなければならないのかを、いかなる論理で説明するかであった。特定の宗教・宗派、あるいは特定の学説によることなく説明しなければならなかった。井上は「国体の精華」の概念を導入して説明することになる。つまり、日本の歴史性にもとづくものとして説明する。これは元田の教学論の「自然な教」としての「仁義忠孝」論に重なることであった。先に、教育勅語が教学論をベースにしているとのべたのは、この点にかかわっている。

元田永孚と教育史

教学大旨を草し、教育勅語作成のキーパーソンの一人となる元田永孚という、戦後の教育史、歴史学で取り上げられることの少なかった人物に焦点をあてて、教育勅語の成立は何を論点として内在させるものであったのかを考えてみたい。まずは、教育勅語成立の背景と、元田永孚についての研究史をみておこう。

一八九〇年二月の地方長官会議は「徳育涵養ノ義ニ付建議」をまとめる。我が国固有の倫理にもとづいた徳育を徹底するため、国家が徳育の内容を確定すべきであると建議した。これが直接の契機となって、時の首相山県有朋（一八三八―一九二二）が主導して教育勅語成立へと向かうことになる。なぜ、この時にこの建議がまとめられたのであろうか。この年の七月には第一回総選挙、一一月には帝国議会が開かれることになる。それにともなう地方での政党活動、政治活動の活発化を社会秩序の乱れとおそれる地方長官は、それを抑制するために上下関係の忠孝主義の徳育徹底を求めることになった。政治改革にともなう社会的秩序の「乱れ」を、徳育によって抑制しようとするものであった。

なお、この建議の背景には、教育論的には森有礼（一八四七―八九）の推進した国民教育への反発があったことを見逃せない。一八八九年二月一一日、憲法発布の日、森文部大臣が神道主義者の西野文太郎（一八六五―八九）に刺殺されるという衝撃的な事件がおこっていた。森は一八八五年伊藤博文が内閣を組織したとき初代文部大臣になり、いわゆる近代国民国家に対応した教育改革をすすめていくことになる。彼の教育論に元田をはじめ地方長官たちも反発していた。森は国家主義者として愛国心教育を推進するが、それは天皇を国家のシンボルとして手段化して、個の自立を愛国主義教育の前提におくものであった。それゆえに、儒教主義的な上下関係の実現を望む地方長官は、個の自立と他者との並立という自他並立主義の森の徳育論に反発していた。この「徳育涵養ノ義ニ付建議」の背景に、この森の国民教育への批判があったといえよう。

森の死後、後任には旧幕臣の榎本武揚（一八三六―一九〇八）が就任した。彼は幕末期に幕府がオランダに発注した開陽丸という三〇〇〇トンの大艦を引き取るためオランダに派遣された開明派の技術官僚であった。いわば開明的な人物で、森の路線を引き継ぐことになる。したがって、地方長官会議の我が国固有の倫理を明確にすべきとの要求を取り上げることはなかった。そこで山県首相は一八九〇年五月に彼を更迭し、腹心の芳川顕正（一八四二―一九二〇）を文相にした。以後、教育勅語の作成へと急展開していくことになる。元田永孚と井上毅という「教育議論争」の当事者が草案作成にあたることになる。

元田と井上は熊本藩出身で、時習館の先輩と後輩という関係であった。二人の維新後の歩みは対照的で、井上は明治政権の企画者として帝国憲法体制企画の中心者として活躍する。他方、元田は天皇の侍読、侍講、侍補として、天皇の側近奉仕者として活躍することになる。井上毅については様々な領域で研究が進んでいる。教育史のレベルでは海後宗臣（一九〇一―一九八七）編の『井上毅の教育政策』がまとめられている。他方元田については、一九四二年、海後宗臣が『元田永孚』を著し、戦後では久木幸男（一九二四―二〇〇四）が「明治儒教と教育」で元田を論じているにすぎない。久木の元田評価は辛口で、儒学者ならざる儒学者で国体論との結合に腐心する元田認識で、その思想に見るべきものはないというものであった。教育史の世界では、元田は教育勅語を推進した「保守反動」の儒学者として、あえて彼の思想や行動を研究の対象にすることもなかった。

一般の史学においても同様な傾向であったが、二〇〇五年に沼田哲（一九四二―二〇〇四）が『元田永孚と明治国家』（吉川弘文館）を著し、元田を保守主義者、儒教的理想主義者と再評価している。

彼は、なぜ元田は存在・役割の大きさに比して研究が進んでこなかったのかと問をたてている。それは、日本の政治思想史、歴史認識にあって「保守」と「反動」の概念を区別することなく「保守反動」と一括する認識に原因があったと指摘している。マンハイム（一八九三―一九四七）を借りれば、「反動」とは伝統主義に基づく反射的な行為であって、「保守」とは過去の反省的な思考を踏まえた方法的統御を持つ思想ということになる。元田を保守主義者とすれば、彼はいかなる「方法的統御の思想」を持っていたのであろうか。一八七九年の「教育議論争」から教育勅語成立にいたる彼の存在は、陳腐な儒学者として、トートロジー的に「仁義忠孝」を繰り返した「反動」の儒学者として概括しきれない。近代化をめぐって、そして近代の教育をめぐって、いかなる論点を提示し、いかなる方法的統御を主張したかが問われなければならない。元田の教学論の検討に入っていくことにする。

元田の教学論

彼の教学論の特徴は三点に整理できよう。

①朱子学的実学主義

彼は「学は程朱の学なり」「程朱の学を講じて聖人の道を信じ、道徳経世の実学にありと任じて」（「侍講奉仕の記」）とのべている。自分は朱子学の徒であり、かつ実学の徒であるとのべる。実学の徒としての自己認識は強いものであり、「森文相に対する教育意見書」の冒頭で「足下ノ僕ヲ見ルヤ漢学者流ヲ目ス、僕固ヨリ然リ、然レドモ僕ハ故長岡監物横井平四郎ノ徒、従来漢学者流ノ腐儒タルコトヲ悪ム、孔子ヲ信ズルト雖ドモ、仏教者ノ釈迦ヲ拝シ耶蘇信者ノ耶蘇ヲ信ズルガ如キニアラズ」とのべている。元田は自分は漢学者、朱子学者であると宣言するが、同時に記誦詞章、言葉の解釈にとどまる旧来の観念的な「腐儒」ではない、つまり、儒学を信じるが無条件ではなくあくまで日本の現実に即して、主体的に読む立場であるとのべている。彼は実学とは修己治人の学のことであるとのべる。己を修め人を治める学であって、言説の解釈にとどまることなく、現実に即して実践することだという。

朱子学的実学主義の内実を検討し、近代との整合をどのようにはかっていたのかをみておきたい。彼は藩校時習館に学び横井平四郎（一八〇九―六九）や長岡監物（一八一三―五九）の指導をうけ、退寮後も同学の士とともに修学に励み学問的立場を確立していく。彼は『孟子』を読み「王何ぞ必ずしも利をいわんや、唯仁義あるのみ」に強く共感し、「天下を治むるのは我が心の仁にあり、外に求むべからず」と「仁」の普遍性に政治の核心を求めることになる。仁義は人間の本性として全ての人間に与えられており、それに即した政治が王道であるとした。朱子学の徳治主義、政教一致主義を純化させることになる。しかも、彼はそれを近代の世界につなげていた。学問的には熊沢蕃山（一六一九―九一）の影響を強くうけていた。熊沢は窮理としての知よりは、先天的な道徳的認識力（良知）を重視する立場であった。その点で、元田の朱子学理解は外的規範より内的な主体性を重視することになる。道徳的認識力に傾斜した朱子学理解は、外的な儀礼・制度にとらわれることなく、良知にしたがって新しい制度を受けとめる主体性・適応性を彼に身につけさせることになる。

ただし、元田は道徳的認識力はそれ自体で基準となりえず、聖人の道＝儒学のテキストにそれを求めることになる。仁の普遍性を認め、その具体的基準を聖人の道に求め、修己治人のために実践する朱子学的実学主義の立場を確立することになる。元田は、仁の普遍性を天下の道として世界に普遍するものとする。したがって、欧米における制度・技術の発達は仁の効用の一つであり、鎖国に反対し開国してそれを受容することを主張する。

ただし、彼は現れは各国ごとに異なるもので、日本にあっては天祖の徳たる智仁勇として現れる。しかし文字を持たなかった我が国ではその具体的内容について説明するものがないゆえに、中華の書＝儒学の経典によることになると述べる。日本の主体性・個別性、つまり国体と結合し、普遍的な価値「仁義」と個別的現れの「忠孝」の価値を結合した「仁義忠孝」を日本の道徳の根本であると主張することになる。しかも熊沢蕃山とは異なり、天皇の絶対性を神性に求めることなく、「仁義忠孝」の徳の体現者である点にそれを求めることとなる。このことにかかわって、一八七七年の「十事ノ疏」で「徳有レバ君ト為ル可ク徳無ケレバ人君ト為ル可カラズ」とのべている。元田の判断では、数年間の君徳輔導の結果、明治天皇が徳ある天皇としての実態を示す段階になったことをうけてのことであった。つまり、万世一系の天皇は天性を与えられているが、徳は自明のものではなく立志修養によって顕現するのだという、条件付きで天皇の絶対性を認める立場であった。

このように元田の朱子学的実学主義は、第一には仁の普遍性によって近代を視野に入れることになる。第二に仁の具体化は国別によるとして、日本にあっては天皇に体現される忠孝となり、ナショナルな意識の形成を可能とした。第三には、天皇の権威（絶対性）を天祖の徳の体現者として、神性に求めなかったことも政治にリアリティを与えることになったといえる。この第三の論点は、昭和初頭には不敬罪に問われる論理でもあった。東京帝国大学の哲学の教授井上哲次郎（一八五六―一九四四）は、教育勅語の権威の確立にかかわる最大のイデオローグであったが、彼は一九二六年不敬罪に問われることになる。彼は日本の近代化の進行に対応した民主主義思想・運動の拡がりに対応して、民衆のための政治という王道主義によって天皇の権威を説明することになる。「民本主義」に対応しうる解釈として、天皇の神性をできる限り後景に退けようとした。この点が万世一系にもとづく旧来の国体主義者から攻撃をうけることになった。

このように、彼の思想的立場は、「復古反動」ではなく「方法的統御」を持つ「保守」的思想として、近代へ架橋しうる可能性を持っていたといえる。

②人間の「平等性」と「能力不同論」

朱子学は、立志修養を前提とする人間の「平等性」という人間観にたっている。元田も「唯勤メテ己ノ知識ヲ進メ、己レノ心ヲ正シ、其気質ヲ変化シテ各聖賢ノ地位ニ至ベシ」（「還暦之記」）と、朱子学の気質変化論を主張している。仁が普遍的な価値として人間の本性として与えられているがゆえに、努力することによってすべての人間が聖人の道、つまり道徳的に完成された存在になりうるとのべる。いわばこの人間の観念的な「平等性」は、先に述べたように、天皇すら例外とはしなかった。この点は近代の教育を考える時に、重要な点であると私は考えている。例えば朱子学を批判した荻生徂徠（一六六六―一七二八）の徂徠学は、庶民が持つのは小徳であって、道徳的な認識力には限界があるという。したがって、大徳、つまり道徳的認識力に優れたエリートが法・制度を作為し、庶民はその法・制度を基準としてその中で生きるべきだと、庶民とエリートの能力差にもとづく社会と教育を構想した。

本来ならば朱子学は幕府の正学であり、支配のイデオロギーとして反発すべき庶民の側が、この徂徠学に反発する。例えば大阪の町人がつくった学問所の懐徳堂や民間の儒者達が徂徠学に反発して、自らの道徳的可能性（「平等性」）を敢然と主張していた。初代文相森有礼も「能力不同論」の立場で、近代の社会や教育制度を考えた。つまり観念的な「平等性」を前提に個人の努力を求める朱子学的教育観と、個人差を前提に教育を制度論的に考える徂徠、あるいは森的教育論は対抗的に存在することになる。そして日本の近代社会は、森的な個人の能力差を認めるリアリティではなく、観念的・

情緒的な「平等主義」を受け入れていくことになる。近代化にともなう個の自立にともなって、能力可変信仰、つまり頑張ればどのような人間でも能力を発揮して出世できるという信仰を創り出していった。近代の立身出世主義のイデオロギーを支えていく社会意識として、この朱子学的、観念的な「平等主義」は近代に生き続けることになるといえよう。

③道心主義と「公論」

元田は近代社会における公論、衆論という多数の意思に信頼を置くことはできなかった。道心という普遍的価値、つまり、「仁義忠孝」の道徳性に正義の担保を求めた。例えばルソーが個別意思の集合としての全体意思が結局個別利害の集積であって、近代的な理念にもとづく普遍的な意思によって近代の社会と政治は拘束されなければならないとのべる点に、形の上では重なることになる。元田は、所詮公論、あるいは衆論といっても個別利害の集積であって、正義あるいは普遍性を認めることはできないという。普遍性は、彼の言葉でいえば道心、つまり仁、日本にあっては「仁義忠孝」にもとづかなければ保証できないとするのが彼の立場であった。もちろんルソーは近代の価値としての自由・平等にそれを求めており、当然本質的に異なることはいうまでもない。ただ元田が、公論、衆論に普遍性を認めることが出来ず、道心つまり「仁義忠孝」を対置したことは、近代が必然的に共同体から個の自立を促し、個人の利欲・競争を生み出すことをリアルに認識していたことを示している。

私欲の世界、競争主義の近代の社会がもたらす弊害を抑制して、秩序ある社会を実現しうるのかが彼にとっての課題であった。

では元田と対立する森有礼、井上毅はこの課題にいかに対することになるのか。森は一八六五年に薩摩藩の留学生としてロンドンに渡る。薩摩藩は、幕末期、討幕勢力の中心として活躍する。豊かな財力によって英国などから近代の科学・技術を積極的に導入していた。しかし、一八六三年の薩英戦争で鹿児島の街は砲撃によって焼きつくされ、彼我の軍事力の歴然たる格差を実感する。そこで、欧米の科学・技術の導入のための積極的な施策を展開することになる。翌年、洋学(英語を中心)の学習のため開成所を設立する。その翌年には優秀な青年一六名を選抜し、ロンドンに留学させる。その一人に選ばれたのが森有礼であった。当然彼等は軍事科学・軍事技術の修得を課題として送り出されるが、英国の現実を見た時、単に技術だけを学ぶことに疑問を持つことになる。あまりにもの彼我の社会やシステムの違いに圧倒され、多くの者が文明や政治の勉強に進んでいく。森もその一人であった。

注目すべきは、森の近代、つまりは英国社会の理解は、批判的な西洋認識をともなうものであった。森は西洋近代が個人主義、競争主義の社会であること、かつそれらがもたらす弊害を一つはキリスト教の博愛というモラルによって、二つには代議制度という多数決主義の政治によって抑制しようとしていると理解した。しかし、現実の英国社会と政治は混乱しており、それらが充分に機能していないことに失望し、ハリスという神秘主義派のキリスト者について、ニューヨークに渡り、二年間の労働と祈りの日々を送ることになる。そして、近代の損得主義に囚われた社会は、個の自立と他者への愛というキリスト教本来の姿において再生できると考えるようになった。維新後、日本の再生のため帰国した森は、外交官、文政家として活躍することになる。

ここでの論点にかかわっては、一八八三年『日本政府代議政体論』を著し、直接代議制を批判している。日本にあっては間接代議制を採るべきとの論を展開する。彼も直接代議制という多数決主義に公正や正義の担保を認めることができず、専門家集団からの選出という間接代議制、つまり、専門家の持つ専門性に公正や正義の担保を求めることになる。森は人間の能力は不同であるとする。したがって現実の社会は不平等であるがゆえに、法と制度によって平等を追究しなければならない。その法・制度の作成は、専門性を持つ専門家によらねばならない。その専門家の専門性にともなう倫理に公正と正義の担保を求めた。つまり、能力差を持つ平等な人間という矛盾するリアルな人間観に立つ森は、能力に恵まれたエリートつまり専門職の集団に立法をゆだね、それによって公正と正義を保障できると考えることになる。森と元田は、全く水と油の関係にあったが、課題としていることは同じ土俵であったといえよう。

次に井上毅であるが、彼は天皇大権を中核にした帝国憲法体制の構築にかかわって活躍することになる。彼にとっての課題は、天皇大権を中核とする日本的な立憲体制をいかに「近代的」に運用しうるかであった。例えば予算の最終決定権は行政府にあるのか立法府にあるのか。天皇大権を前提にすれば、天皇の政府にあることになるが、代議制による国会の多数の意思を無視することも問題を残すことになる。彼は一八八八年に「憲法ノ三権協和ヲ望ムトコロノ者唯互イニ相譲ルノ一途アルノミ」(「枢密院意見」)とのべている。日本的な立憲体制の運用に際しては、「相譲ルノ徳義」がなければならないという。日本の近代立憲性は、最終的には「徳義」、つまり天皇大権を前提にお互い譲りあうというモラルによらねばならないと主張した。彼もまた法・制度そのものに公正・正義を認めることができず、運用する人間の徳義(モラル)に求めることになる。このように、元田と井上は、道心あるいは徳義を課題とすることによって、教育勅語作成にかかわる素地を共有していくことになったと考えられる。

繰り返すことになるが、こう見てくると元田を単に「保守反動」の儒教主義者として、近代の制度に重なりあうことのない存在として無視することはできないのではないか。朱子学的実学主義による、仁の普遍性によって近代を受容する。立志修養を前提にする人間の平等性の主張によって、近代の国民教育を下支えする。そして近代社会の個人主義、競争主義の弊害を「仁義忠孝」の道心によって抑制しようとする。つまり、元田の教学論は前近代の共同体内での自然な人間形成という文化を、天皇を中心とした国家的共同体に組みこみ、近代国家に対応させようとするものであった。その国家的共同体の統一性を担保するものとして、「仁義忠孝」の道徳的価値を、それは歴史的に自然に形成されてきた価値＝伝統文化として説くものであった。そうした方法的統御を持つ保守主義思想であったがゆえに、近代化に揺らぐ維新後の社会に対して、彼の言説は無視しえないものであったと考えられる。

第一三章　教学論と「教育勅語」（二）

教学論と国民教育論

教育勅語は、森有礼の国民教育論と連続しているのか、あるいは断続しているのだろうか。森の国民教育論を端的に示しているのが、一八八七年の「閣議案」である。彼はこうのべている。私は文部大臣として、一八八六年に小学校令から帝国大学令まで、各校種別の法令を定め学校制度を整備した。残った課題は国民教育の「準的」をどこに求めるかである。明治国家の最大の課題は、国家の独立を維持することであり、そのためには国民教育は「愛国心の培養」を目標にしなければならない。欧州にあっては、小国といえども独立を維持しているが、それは上下となく男女となく一致して国家のために立ち上がる精神性を確立しているからであるとのべている。しかも西洋にあっては愛国心培養の「教化素アリ」と、その国家の歴史と文化の学習によってそれが可能だという。

ところが日本にあっては、歴史を教えても中古以来武士が政権を占有し、明治維新も一部の武士による変革であり、いまだ国民は政治参加の機会を与えられておらず、国民は国家のなんたるかを認識できていない。この歴史的現実を踏まえた時、いかにして愛国心教育は可能になるのか。森が出した結論は、天皇の存在によって国家を認識させるという方法であった。天皇を国家のシンボルとして愛国心教育をおこなうしかないではないかと。森の言葉では天皇の存在は愛国心培養のための「無二ノ資本至大ノ宝源」ということになる。そして、兵式体操、学校儀式等、彼の言葉で言えば「道具責」の方法で、身体的訓練を介して身体知として能動的にそれを身につけさせようとすることになる。教学論の忠孝のイデオロギーの教化ではなく、身体活動による主体的・活動的な精神の形成をはかるものであった。

森も忠君愛国と表現するが、それは元田が天皇を道徳的存在として、天皇への忠という形で天皇への随順を意味づけるのに対して、森は国民が自己の職分に忠実に、自主的自立的に取り組むことのできる個人の自立を愛国心教育の前提としていた。その自立した個人が天皇をシンボルに国家に結ぶことを考えていた。忠君愛国の内実を異にすることになる。森有礼の指示をうけ能勢栄（一八五二―九五）が『徳育鎮定論』という倫理（修身）の教科書を執筆し、個人と他者との自他並立主義の論を展開する。この書を一読した元田は、君臣の義など日本人として必要な徳目が書かれていないと批判する。近代の国民――知性と徳義の結合――の形成を課題とする森の国民教育論と歴史的に形成されてきたとする忠孝の価値を徳育の基本とする元田の教学論の隔たりは絶対的なものであったといえよう。

政治（法）と教育（道徳）をめぐって

明治一四年の政変によって、薩長藩閥政権は自由民権派を完全に排除し、欽定憲法路線を明確にした。井上毅は以後、帝国憲法作成にかかわり、徐々に徳義への傾斜を強めていくことになる。一八九〇年には「人は法律的の人に非ずして、道徳的の人なり、国は徳義より成立するものにして、法律より成立するものに非ざるなり」、あるいは「多数決を以て一切万事に適応せしめんとするは我国体の天性にあらざるなり」（「法律ト道徳ノ論」）と、法律、多数決主義に道徳（徳義）、国体を対置していくことになる。その限り、元田の道心主義に近接していくことになる。そして、山形有朋首相から教育勅語草案の執筆を依頼され、元田とともにその作成にかかわることになる。

とはいえ、一八七九年の教育議論争での両者の対立点が解消することにはならない。井上毅はあくまで近代の立憲国家としての原則にこだわることになる。近代にあっては君主は国民の心の自由に関与してはならず、したがって特定の価値を強制してはならないと。そこで彼は、教育勅語は天皇個人の意見の表明、社会的著述としての体裁をとるものとして起草した。その発表の場として学習院、教育会への出席の折を想定していた。対して元田はあくまでも治教権を持つ天皇が、政治に優位する道徳的規範を示すことにこだわることになる。つまり、元田は君となり師となる天皇観、つまり、天皇の政治的権力の前提に道徳性をおいていた。他方井上は政治的君主の天皇と道徳的文化的伝統を体現する師としての天皇を二元的に捉えて、君は公的な存在、師は私的な存在と位置づけていた。つまり、政治と道徳は相対的に区別すべきであり、彼のいう徳義とはそのことを了解した上で成り立つものであった。

しかし元田は井上のこの論理に納得せず、政治と道徳の一体化というよりは、政治の問題は道徳に帰結するとする朱子学的立場で押し切っていく。井上の学習院、あるいは教育会での「下賜」に反対し、一〇月三一日山県有朋総理大臣と芳川顕正文部大臣を宮中に呼び、天皇が教育勅語を「下賜」することになる。こうした道徳と政治の一元化こそ、井上の恐れる処であった。教育勅語草案を仕上げた頃、山県首相に井上は念を押す手紙を書いている。「今日風教之敗レハ世変之然らしむると上流社会之習弊ニ因由ス、矯正之道ハ只だ政治家之率先に在る而已決して空言ニ在ざるべし空言の極至尊之勅語を以て最終手段とするに至りてハ天下後世必多議を容るゝ者あらん」（一八九〇年六月二五日、書簡）と。政治・社会の問題を道徳の、教育の問題に還元してしまってはならないという。一八七九年の教育議論争での対立点でもあった。しかも天皇の権威によって解決しようなどもってのほかだとのべている。

しかし、井上の意見は無視され、山県首相と芳川文相へ「政治的」意味をもつ形式で教育勅語は「下賜」されることになる。そして歴史の事実は一九二〇年代後半以後、井上の怖れた通りに、手段である教育勅語が法制度を規定し、それ自身が目的となっていくことになる。さらにいえば、元田の実態としての仁義忠孝主義を超えて天皇神性論に行きついていくことになる。戦前の稀代の悪法たる治安維持法、それは国体の変革を目指す運動や思想を裁くものであった。国体という用語が法律の用語として登場することになる。国体の概念の説明を求められた当局者は、「教育勅語にあるように」を繰り返すことになる。このようにして、情緒的な、道徳的に無限定的な国体論が教育勅語の名の下「自然」なるものとして猛威をふるうことになったのである。

第一四章　普遍と個性をめぐる教育

教えられない世界

日本の近代教育は個の自立と国民の形成をめざす教育を周辺化しつつ、朱子学的な「平等主義」と歴史的「自然」としての忠孝主義、そして政治に従属する教学論として展開していった。その結果、一九四五年八月一五日の敗戦を迎えることになる。一九四六年、柳田國男は戦後教育の再建の視点にかかわって、「教育の原始性」（定本柳田國男集二九巻）を書いている。彼は日本の近代教育の問題は、そして人々を平安に導く教育が戦争への動員に終わることになったのは、自ら主体的に考える人間の形成をしてこなかったためだという。彼は、明治の知識人は全てを教えることができることを前提に教育システムを構想したと指摘する。しかし、前近代のシツケの文化（子育て）は、むしろ教えないことを法則にしており、当たり前のことは自分の身体全体を使って学ぶことであった。自ら学ぶことのできる主体の形成を方法としていたのだと。

科学・技術が進歩し、学校で教えることの意味が増したとしても、なお、教えられない自ら主体的に学ばねばならないことはあるのだという。この教えることと教えられないこと、この交錯する中で人間の形成がおこなわれてきたことに注目しなければならないという。つまり、日本の近代教育は教える、教えられるの関係の中で、受け身的な人間を形成してきたのではないかと。日本の近代教育は教育論であれ教学論であれ、前者は近代の知識才芸を後者が忠孝の徳育をとの違いはあるものの、共に教えること、教えられることを基本にしていたといえる。

柳田は日本の俚諺は、生活経験の積み重なりの中から生まれた智恵を言語化したもので、決して教訓として守るべき規範を示すものではなかったという。その智恵=俚諺をどう生かすかは、個々の人々の判断にゆだねられていた。教訓化は、仏教・儒教による「正義」のイデオロギーの普及にともなっての変化であったという。つまり、教えられる知識（智恵）もそれを理解し実践するのは個の主体であったという。自己の身体と心を働かせて判断する時の一つの手がかりにすぎなかった。

教える、教えられることは、多くの経験を踏まえて抽象された「普遍性」をおびることになる。その普遍を理解し判断し実践するのは個であり、個の経験・知識を介して理解することになる。個による理解は、その限り個性的なものとなる。柳田は普遍的な知識・道徳は、それ自体として具体的意味を持つものではなく、個の身体性・経験を踏まえて理解し実践する時こそ具体化するという。こう柳田の「教育の原始性」を読むと、彼の教えることと教えられないことの陰陽二通りの教育による人間形成論は、普遍的な知識・道徳は教えられて知ることはできるが、わかることは、個が主体的に理解することであり、個性的であること、普遍は個性的に理解されて実践的意味を持つことになる。もちろん前近代のシツケの文化は共同体（イエ・ムラ）での人間形成論であり、近代社会にそれをそのまま復活することはできない。しかし、教えられない世界、教えない教育の持つ意味を近代において捉え直すことは必要であったにもかかわらず、明治の「知識人」が封建的なものとして切り捨てたことの問題性を指摘している。なお、元田の教学論、つまり、「自然な教」としての仁義忠孝を「自然な学び」によって形成する思想も、「自然な教」を普遍とする学び方、つまりは教え方の方法にすぎないものであった。主体的な学びとして、普遍的価値を問い直すことではなかった。シツケの教えない教育の意味を近代において問うとすれば、普遍と個性の関係をめぐる教育論として展開できたのではなかろうか。

普遍と特殊

日本の近代教育が教えることを前提に、そして教育勅語によってその内容を特定することによって、教育学は普遍と個性の関係を問う回路を自ら閉じることになった。教育学が課題としたのは、「なぜ」、教育勅語の内容が絶対性を持ちうるかに答えることであった。いわば、普遍と特殊の関係から論じられるにすぎなかった。元田は仁は普遍的価値であるが、国ごとに個別的に具体化して現れ、日本にあっては忠孝の価値となるとのべ、以後、教学論として教育勅語の骨格を構成していくことになる。明治末年、個人主義、社会主義思想の拡がりに対応して、忠孝主義を国民道徳論として理論化し徹底する施策がとられることになる。その代表的論者井上哲次郎は、国民道徳とは「国民に特有なる道徳の事」であると表現している。

この特殊論に対して倫理学の和辻哲郎（一八八九―一九六〇）は「国民道徳を主張する人々に対しては、我々は教育勅語の精神をもって反省を促したい。わが国民は特殊の道徳があって、それがわが皇室の尊厳に根ざしていると考えるのは、明らかに教育勅語の精神を無視するものである。教育勅語によって宣揚せられた道徳は「古今内外」を通ずるところの普遍的な妥当なものであって、わが国民に特殊なるものではない」と、忠孝主義の国民道徳論の普遍性を主張している。普遍的価値であるので徹底して教える必要がある。あるいは、我が国固有の価値＝特殊であるが故に徹底すべきであると、教えるべき根拠をどこに求めるかの違いであった。

井上哲次郎、和辻哲郎ら倫理学（哲学）者の見解に対して、教育学の吉田熊次（一八七四―一九六四）は社会的教育学の立場から異なる論理を展開している。吉田は一九〇七年、東京帝国大学文科大学助教授として教育学を担当し、一九二六年教授として教育学講座を主宰する。いわば日本人最初の教育学の教授であり、官学アカデミズム（講壇教育学）の最高峰の一人であった。倫理学は理想の人間像を探求し、かつ「なぜ」そうなのかを問う。対して教育学は「如何にして」その人間像を形成しうるのかの学であるとする。彼は人間は社会的存在であり、その社会的生活の場によって人間は形成されていく。しかし、社会的生活は現実的には国家的生活であり、日本にあっては帝国憲法、教育勅語によって人間像は定められており、社会的生活という方法によってその課題を追究することだと主張した。社会的生活という場での道徳の形成であるが故に、国民道徳は「例えば一般人類社会に共通の、或は何れの国にも共通なる所のものの亦国民たる資格として必要欠くべからざるもので有ると思う。勤勉であるとか、忠実であるとか、正直とか、共同とか云うようなことも国民たる資格として是非無ければならぬものである」と、共通的、普遍的であり特殊・特有なものではないとのべている。

したがって、吉田は教育勅語の「斯ノ道ハ古今ニ通シテ謬ラス中外ニ施シテ悖ラス」と、教育勅語の普遍性を確認する文言について、「合理的」な解釈をおこない、一九四〇年頃までそれが正統の解釈とされることになる。つまり、彼は「斯ノ道」は第二段落の「父母ニ孝ニ」以下「国法ニ遵ヒ」までを指すとし、「天讓無窮ノ皇運ヲ扶翼スヘシ」は含まないとした。なぜなら、それは特殊日本的な価値であるからであった。

吉田の社会的教育学は、ルソー、ペスタロッチの自然主義的教育論は目的を欠く学説であり、イギリスの功利主義は最大多数の最大幸福という平等主義であって、社会の進歩・完成を設定しえないと批判する。近似するのはデューイ（一八五九—一九五二）の社会的自我実現説であるが、これも自我としての個人の良心が国民道徳と一致しうるか疑問であるとした。彼はカントの「人間を人間にする」に導かれ、自然状態の人間を「完全なる生活」＝社会的生活を営む人間に形成することを教育学の目的とした。そして、先述のごとく社会的生活は「国家ほど完全なる社会関係の備わって居る社会」はないと、国家的生活に等置する。したがって、帝国憲法・教育勅語によって「目標」「内容」は確定しており、「如何にせば」それが可能かを問うことになる。

吉田が教育学を生活経験による社会的生活を営みうる人間の形成におき、デューイの「社会的自我実現説」に着目した点は評価できよう。しかし、個人と国家との関係性の欠如を指摘し、「社会生活の自然の制裁の下に陶冶せられて伝わって来る所の習慣道徳は……動かすべからざる真理である」と、社会的経験の陶冶の結果として残っているのが習慣道徳であるが故に、それは普遍性を持つとする。それを表現する教育勅語は、個人・国家を通底する道徳的価値を示しており、教育の目標としなければならないという。デューイの経験主義は教育を「経験の再構成」とする経験の相対主義に貫かれた無限連続の過程であったが、そこに着目することはなかった。あるいは柳田が俚諺は経験にかかわる一つの表現であり、それを判断するのは個の主体であるとしたシツケの文化に着目することはなかった。その判断は教えることのできない未知の課題を含むものであり、普遍は個性的理解によって再構成されていくことになる。この普遍と個性の関係を教育学の課題をすることにはならなかった。

教える根拠を普遍性に求める吉田は、それ故に、一九三九年には「皇室の尊厳」＝天皇絶対論という「特殊」に貫かれた「普遍」として意味づけることになる。戦争の拡大に対応した戦時動員体制にむけて、天皇神性論が強調されていく歴史をうけてのことであった。他方、特殊な国民道徳論を「普遍的価値」の立場から批判した和辻哲郎は、第二段の「父母ニ孝ニ」から「国法ニ遵ヒ」までは普遍的徳目であり、それを受けての「皇運ヲ扶翼」もまた普遍的であると主張した。普遍的価値に貫かれた国別の特殊は普遍であると。

いずれにしても、戦前教育学の世界にあっての普遍と特殊の関連は、内容構成の妥当性を教える根拠の理由にかかわって論じられたにすぎない。「普遍的価値」あるいは「特殊的価値」を「如何にして」教えるかであった。教えられる子どもの認識の構成をくみこむことはなかったといえよう。柳田やデューイがいう子どもが主体的に活動し、判断し、実践するという無限のサイクルの中で、普遍と個性を捉えるものではなかった。

普遍と個性

理解する、わかることをめぐって、普遍的価値を生活の場での具体に即して捉え直す子どもの主体的認識に着目して、普遍と個性の問題として教育論を展開したのは、現場の教師たちであった。たとえば鈴木三重吉（一八八二―一九三六）の児童雑誌『赤い鳥』の童心主義の表現活動に啓発され、自由な表現活動の教育に目覚めた教師たち、子どもの活動（プロジェクメソッド）による主体的認識を追究する教師たちであった。ここでは、童心主義の表現活動から、子どもが生きている生活の表現による生活認識の深化拡大にかかわる生活の綴方、あるいは生活の表現を問題の出発点とする生活綴方に着目してみたい。

生活を綴る、子どもが生きている生活での体験・経験を表現することによって、子どもの未だ認識しえなかった生活世界を深化拡大させようとする。生活の場面は個々に具体的であり、そこでの認識とその深化拡大は、当然個別的個性的なものとなる。普遍的な価値も、個別的経験にともなって個別的に理解されることになる。生きている場面を見つめ、表現するのは子どもの主体的活動をともなうことになる。生活を表現することは、子どもが生活の場における経験を主体的に認識し、問題を発見し試行する営みとなる。

この生活の綴方、生活綴方は鶴見俊輔のいう「まるごと」(whole) としての教育論に通ずるものであったといえよう。鶴見は「まるごとというのは、そのひとの手も足も、いや指のひとつひとつ、においをかぎとる力とか、元気をよみとる力とか、皮膚であつさ、さむさ、しめりぐあいを捉える力とか、からだの各部分の五感に、そしてそのひと特有の記憶のつみかさなりがともにはたらいて、状況にとりくむことを指す」とのべる。「そのひと特有の記憶のつみかさなり」が働いて、状況を捉えることは個別性をもつ、つまり「私的信条」と一体となることを意味している。

「父母ニ孝ニ兄弟ニ友ニ」と孝・友・和・信等の徳目を「普遍的」であれ「特殊的」であれ絶対的

価値として教育する体制にあって、生活経験を主体的に表現し、「自己の記憶のつみかさなり」の働きによって認識し、問題を発見する営みは、普遍の個性化として普遍の持つ抽象性を乗り越える可能性をはらむことになる。それ故に戦前にあっては、生活綴方は反体制的運動として抑圧されるが、それは普遍を個性を通して再構成する教育論が否定されたことを意味していた。

一九五一年、山形県山元村中学校の社会科教師・無着成恭は、生徒の詩・作文集を『山びこ学校』(岩波文庫、一九九五)として発表した。戦後新教育のすぐれた実践として多大な影響を与えることになる。無着はなぜ綴方という方法に着目したのかについて、「それは、ほんものの教育をしたいという願いが動機であったと思います」と記している。教科書の内容通りに教えることはウソを教えることになる。たとえば「村には普通には小学校と中学校がある。この九年間は義務教育であるから、村で学校を建てて、村に住む子供たちをりっぱに教育するための施設がととのえられている」(社会科四『日本のなかの生活』一〇頁)とある。しかし山元村の現実は「破れ障子から吹雪がぴゅうぴゅうはいって来る教室で、先生のチョーク一本をたよりに教育が営まれているのであり」「りっぱな教育するための施設がととのえられている」わけではない。

そこで無着は村の生活を見つめ直し、新しい村をつくるために努力しうる人間の形成をめざすのが、教育でなければならないと認識することになる。その方法として戦前の生活綴方の実践に学び「私は社会科で求めているようなほんものの生活態度を発見させる一つの手がかりを綴り方に求めたという事です。だから、この本におさめられた綴方や詩は結果として書かれたものでなく、出発点として書かれたものです。一つ一つ問題を含む、一つ一つが教室で吟味されているのです」とのべている。彼は生活の現実を観察・分析して普遍（抽象）を再構成する主体形成の方法として綴方にとりくむことになる。したがって、その表現（認識）は完成型ではなく、問題を含むものであって、問題の追究は無限のプロセスとして継続していくことになる。それを追究することのできる主体的な力量の形成をほんものの教育であるとした。

この『山びこ学校』について、鶴見和子は「生徒も先生もひとりひとりの生徒が持ち出してくる具体的な暮らしの問題を、「自分をふくむ集団」の問題として、一緒に考え、解決しようと努力していることである」、そこに強い印象を持ったと書いている。教師が絶対的価値（真理）の体現者として子どもに対するのではなく、共に未完成な人間、普遍の再構成（理解）を追求しつづける人間として「自分をふくむ集団」の問題として取りくんでいることに注目している。自分を含まないが故に、抽象的な概念、普遍的価値を自分を抜きに「言葉」として子どもに語る、教えるという支配的な日本の近代教育思想を捉え直そうとする試みであったといえる。

この点にかかわって、戦時下に展開された報徳教育実践としての常会活動にも着目しておきたい。一九二九年の世界経済恐慌（不況）にともなう農村経済建て直しのため、経済更生運動が展開される。その運動のイデオロギー面と実践方法を担ったのが、幕末期荒廃農村の復興に取りくんだ二宮尊徳の思想と実践を体系化した報徳思想であった。マクロな視点から見れば、報徳の「我侭な自己を捨てる」精神は「滅私奉公」に等置され、戦時動員を支えるイデオロギーとして機能したことになる。他方、神奈川の福沢国民学校での常会実践は、戦後教育（社会科、コアカリキュラム運動）に連続していくことになる。常会実践とは、報徳の「芋こじ会」の取りくみから抽象された方式で、構成員が「平等」に「主体的」に自らの実践（経験）を交換しあい、「自分を含む集団」として問題解決をはかろうとするものであった。具体的事実を踏まえた意見交換によって現世利益（実利）を求める方式であった。この構成員が「主体的」に「平等」に経験を語り、問題解決をはかる方法は、戦後の問題解決学習、経験主義教育論に連続するものとして、実践的に継承されていくことになる。それ故、戦前校庭に建てられた二宮尊徳の少年像＝二宮金次郎の像は、戦後にあっても建ち続けていることになったといえるのではなかろうか（須田将司・武藤正人「戦後福沢国民学校における報徳教育の再評価」『東洋大学文学部紀要』第65集、二〇一二）。

注記　第一〇章から第一四章は、拙著『増補版　教育勅語への道』『大正自由教育と経済恐慌』『国民道徳への道』（いずれも三元社刊）を踏まえたものである。

第一五章　おわりに――真理と平和を希求する人間

一九四七年公布の旧教育基本法は、戦後教育の理念と基本方針を示すことになる。当初、抽象的理念を示すものとして、現実の具体的な教育の課題とはかけ離れた美しい文言程度にしか読むことはなかった。教育史を学び続けるなかで、二〇年を経過する頃、前文の一節が持つ意味を「教育学（論）」的に読めるようになった私を驚きとともに発見することになる。

われらは個人の尊厳を重じ、真理と平和を希求する人間の育成を期するとともに、普遍的にして個性ゆたかな文化の創造をめざす教育を普及徹底しなければならない。

当初、「普遍的にして個性ゆたかな文化」の普遍と個性の関係に理解が及ぶことはなかった。第一四章でのべたように、近代日本の教育は、普遍と特殊の関係で語られており、日本の近代教育は特殊に拘束されていくことになる。私の教育史研究も教育勅語に象徴される日本の近代教育の特殊な思想と構造を解明することを課題にしていた。その特殊性を近代的普遍にもとづき解体する時に、教育の本来の姿が見えることを期待してのことであった。しかし、教育勅語の成立過程と作成者の「立法」意思を考える時、彼等が普遍と特殊の融合に腐心していたこと、できうる限り特殊を後景におこうとしたことを理解することになった。にもかかわらず、特殊が普遍を支配する思想と構造を持つものとして、受容され展開していくことになる。それは何故なのか。

保守反動と目された元田永孚にして、彼は近代の国民教育の課題を認識し、朱子学的実学主義の立場から議論をリードしていた。①近代国家における政治と教育の関係、②「平等主義」と「能力不同」の人間観の課題、③近代社会が原理とする多数の意思（公論）は正義たりうるのかの問題について、朱子学的実学主義と伝統的な一般的社会意識にもとづき発言する。近代官僚たる井上毅は、近代立憲主義の原則の枠内にそれを位置づけようとする。そして両者とも国民道徳（忠孝主義）は「国体の精華」という歴史的に形成されてきた「自然」にもとづき成り立つ徳目であるが故に、普遍的存在であると論じることになる。井上の天皇の個人的著作とした教育勅語の立憲主義的位置づけは、元田等朱子学的徳治主義（天皇の徳を前提とした政治）の立場からは望むべき方向であった。天により本来の性は等しく与えられているとする「平等論」は、立身出世主義のイデオロギーに共鳴していくことになる。かくして、西洋の近代教育思想が「自然」の概念によって、近代人の形成を課題としたのに対して、逆に「自然」の概念によって現状を固定していくことになったとのべてきた。

しかも、元田の徳治主義を超えた天皇神性論によって「国体の精華」は補強され、特殊に貫かれた普遍として根拠づけられていく。作家司馬遼太郎（一九二三―九六）は、軍国主義と無暴な戦争遂行を可能にしたのは、明治憲法の「統帥権の独立」にあったとのべている。軍の編成権は天皇の直轄であり議会・内閣も関与できないとしたこの条文が、軍部の肥大化と独走を可能にしたという。そのひそみにならえば、教育勅語は天皇の言葉であり、法を超えた規範を示すものとして、国民教育（国民道徳）を圧倒的に統制することになる。つまりは、国民教育そのものを最終的には軍国主義そのものに化していくことになったといえる。

普遍的にして個性豊かな文化

真理と平和を希求するとは、普遍的にして個性豊かな文化の創造に連続する教育思想といえよう。真理と平和は、人間が希求する限りにおいて確認しえるものであって、普遍的なものとしてそこに存在し与えられる（教えられる）ものではない。ニュートンは、真理という海原を前にして、その砂浜で美しい貝殻を発見して喜んでいる小児にすぎないのだと自らの発見の虚しさとともに死を迎えることになる。天才的な物理学者にして言いうる言葉でもあろう。真理とは、未知なる課題に連続するものであり、それは希求という主体的営みとともに存在する。普遍的価値とて同様であろう。二〇〇六年公布の現教育基本法は、この「真理と平和の希求」を「真理と正義の希求」に改めている。この改正は教育論的には重要な意味を持つと考えている。なぜなら、正義という普遍的価値は、希求する限りにおいて成立するが、歴史は「正義」の旗の下に戦争を引きおこしてきている。日本の近代の戦争も例外ではない。全ては「正義」の戦争として引きおこされた。何をもって正義とするのか、そのこと自体が政治の営みをともなう「争い」の種を生み出してきた歴史を見る時、「平和」の希求とした意味は決定的である。平和とは争いのない状態として確認することができるのだから。

この希求する教育は普遍的にして個性豊かな文化の創造に連続していく。希求する主体は、一人一人の人間（子ども）である。個としての人間は、普遍的なるもの、つまりは人間が歴史的に形成してきた共通的なる価値をまずは受けとめ模倣する。しかし、普遍的価値は絶対的なものとして固定することはない。なぜなら普遍的価値も相対的なものにすぎない。あるいは個性的なものにすぎない。個の理解を通してのみ普遍的価値は具体化しうるのであって、全てが同一画一的に具体化されようはずがない。したがって、普遍は個性的にしか存在しえないし、それは普遍は個性を通して常に再構成されていくことを意味していよう。

柳田國男は「教育の原始性」で、教える教育と教えられない教育の二通りの表裏陰陽の人間形成という日本のシツケの視点から、戦後教育を構成しなければならないといった。それは教えることと教えられないことを二元的に把握しているわけではない。教えることは未知なる課題（わからないこと）に連続することであり、人間（子ども）は未知なる課題とともに理解すること、すなわち教えられない部分を含むことになるのだといっていると今の私は理解している。希求する人間の育成、普遍的にして個性豊かな文化の創造をめざす教育とは、何よりも人間の主体的判断力を中核にした教育思想といえる。絶対的真理、普遍的な価値を相対化（個性化）しうる柔軟な思考力を形成する教育論だともいえよう。

私がその意味を私なりに理解し、教育学的思考に導いてくれた旧教育基本法の前文第二段落は、次のように改められた。

> 我々は、この理想を実現するため、個人の尊厳を重んじ、真理と正義を希求し、公共の精神を尊び、豊かな人間性と創造性を備えた人間の育成を期するとともに、伝統を継承し、新しい文化の創造を目指す教育を推進する。

「平和」が「正義」に改められた意味については先に指摘した。「真理と平和を希求する人間の育成」には、「公共の精神を尊び」が内容項目として付け加えられた。さらに「個性ゆたかな文化の創造」は「伝統を継承し……」と改められ、「公共の精神」「伝統」が強調され、「普遍的にしてしかも個性ゆたかな文化」は削除された。国民としての個人の自立性（「自主的精神」（第一条目的）、「自発的精神」（第二条（教育の目標））を強調した旧教育基本法に対して、現教育基本法は第一条（教育の目的）から「自主的精神」の文言を削除し、社会的（国家的）規範、伝統的規範を強調することになる。その点で国家主義的、復古主義的思想を背景とした改訂であったといえる。

旧教育基本法の前文を審議した教育刷新委員会（第一特別委員会）での議論を想起したい。前文の「普遍的にしてしかも個性豊かな文化の創造」の表記をめぐって、主査の羽溪了諦（一八八三―一九七四）は「ここの所へ、日本の伝統文化を生かしてくれという要求があった。私もそのことを一言したのですが、日本の伝統的文化を何処かに生かしていただきたい。入れれば、ここへ何か入れたらどうかと思うのです。無論今迄のような形式の忠孝では駄目だけれども、忠孝の精神内容というものは、我々には伝承護持しなければならないと思うのです」と、「伝統文化」の護持の必要を主張している。対して、天野貞祐（一八八四―一九八〇）は「それが個性豊かなということではないですか。個性豊かなということが、つまりは伝統を生かすことではないですか」と応じている。天野は繰り返し「伝統を離れて個性というものはない」と反論している。

つまり、天野は普遍的価値、しかも多元的な価値（たとえば自由と平等）を個人は受けとめ、自ら自律的に再構成し、自己としての統一性をもった価値観を形成していくが故に、伝統を重んじることはすなわち個性的であるという。自己が自律的に再構成する、その主体たる個人は歴史的に形成されているが故に伝統文化を踏まえることになるからであった。そこには、日本の伝統文化を固定化し、忠孝主義と「特殊化」した戦前への反省があったといえる。「公共の精神」「伝統文化の尊重」が個の自立性の結果でなければならないこと、それが「普遍的にして個性ゆたかな文化」を意味するところであった。

人間は単独では生きていけない。社会・国家を構成し、道徳と法によってその秩序を維持してきた。しかし、その道徳と法は、いうまでもなく相対的なものであり、より善き道徳と法を希求し続けてきた。なぜ人間は他者と連帯し、関係性を構築しなければならないのか。改めて、森有正の経験哲学にもとづく、個の尊厳と連帯の関係について考えてみたい。森は、経験の根本的な性格の一つは不可知論にたっていることだという。しかも、不可知な部分は個々によって違っているが故に、私の闇は他の光に照らされるし、私の光が他の闇を照らし出すことになる。それ故に、差異を認める故に個を尊重し、連帯して希求していくことが必然になるという（森有正、小田実『人間の原理を求めて』筑摩書房、一九七一）。

「公共の精神」「伝統」「わが国と郷土を愛する」という目標が外在的に与えられることであってはならない。個人が自主的に自発的に形成しなければならない。それが、「特殊」が「普遍」を支配した戦前教育の反省の上に「真理と平和を希求する人間」「普遍的にして個性ゆたかな文化」と戦後教育の出発において確認した教育理念であったといえよう。

未来の不確実性と希求する人間

人間（子ども）は、今を生きている、その今は未来（明日）に連続していく。したがって、教育という営為は人間の未来にかかわることになる。理想的人間像、それは理想的社会・国家観と結びながら、教育の目標として掲げられてきた。しかし、未来は確定しうるものだろうか。ルソーは「不確実な未来のために現在を犠牲にする残酷な教育をどう考えたらいいのか」と問う。「先見の明。たえずわたしたちをわたしたちの外にひっぱりだして、しばしば、わたしたちが到達することができないところにおく先見の明、これがわたしたちのあらゆる不幸の本当の源だ」（『エミール』）ともいう。人間（子ども）は未来に希望を、理想を持って生きようとする。しかし、これは一つの動かざる姿・形を持つものであろうか。普遍的価値を個別的に希求する限りにおいて、一人一人の人間が描くものであるといえる。したがって、目標を絶対化し、そこに向けて教育することこそは、人間を目標に従属させることになる。その目標自体が相対的な物であるにもかかわらずである。

戦後世界は資本主義国と社会主義国の対立、冷戦構造を基本枠組としてきた。一九八九年のベルリンの壁の崩壊まで、それは続くことになり、日本もその枠組の下で戦後社会・国家の存在を構想してきた。戦前の権威主義的体制（天皇を中心にした）、悲惨な敗戦の現実を前にして、その反動もあり、社会科学（マルクス主義の史的唯物論）にもとづく発展段階説（資本主義の矛盾の解消の先に社会主義を展望する）に多くの人々は希望を重ねた。一九六三年大学入学の私もそうした潮流の中に学生生活を送ることになる。その視点から教育の意味、教育の機能を考え、そして日本におけるその可能性を歴史に求めようとしてきた。そのために克服すべき戦前教育の思想と構造の特質の解明を意識することになった。したがって、その批判の軸は西洋近代の価値を普遍的な基軸とした。それ故に、「真理と平和を希求する」「普遍的にして個性豊かな文化」の意味することに関心が結ぶことはなかった。不確実な未来を固定的に捉え（資本主義の矛盾の拡大と社会主義による止揚）、その目標への到達を評価の基準とし、今を生きる人間（子ども）そのもの、それは過去を背負い未来に生きる存在でもあるのに、その生きている事実の意味を問う視点を欠落させることにもなった。

主体的に生きる人間への視点の欠落の虚しさを感じはじめたのは、一九八〇年代後半のことだったと思う。私は教育学部で、教員（中・高）をとりあえずの目標としたものの、教師そのものの、あるいは人間の形成にかかわる教育という機能に共感的意識を持つことはなかった。むしろ、醒めた眼で教師・教育を見つめていたといえる。小学校高学年で教師の言説に〝建て前〟と〝実態〟のズレがあることを鋭敏に感じていたためかもしれない。中学校・高等学校時代に生きていくことにかかわって何かしら心を揺さぶられる教師にも、教育の場にも出会うことはなかった。普遍的（抽象的）価値を背景に、つまりは「正しい答」を独占していることで、子どもの前に優位を誇る教師の〝実像〟に冷ややかな目線を向けていた。ただ、現実を生きるための職業として、比較的自由な時間が許される教師という仕事を消極的に選んだにすぎなかった。かろうじて、自分なりに理解できたことを伝達することに若干の意味を見い出していたためであった。決して、子どもの人間形成に積極的にかかわることに意味を見い出してのことではなかった。むしろ、積極的に子ども、若者に熱くせまる教師に、ある種の〝偽善性〟を感じていた。

それ故に、私の教育的営為に対する認識は、人間が生きている社会の構造・思想、その社会を実態的に規定する国家の教育思想と構造に視点をおくことになった。教育的営為が本質とする実践、直接的な教える―教えられる関係のレベルに踏み込んで認識することも、社会・国家の要求と自己の理想との間で苦闘する人間にせまることもなかった。必然的に、マクロな、長いスパーンをとって教育的営為の意味を俯瞰的に描き出し、現代の教育を相対化することを課題としてきた。そして、日本の近代教育の問題性（特殊性）を描き出し、その克服を近代の普遍的価値を基軸に指摘しえても、現実の歴史を生きてきた人々の教育的営為に響かない虚しさを感じはじめることになった。

タイミングよくというべきか、『教師になるには』（ぺりかん社、一九八九）という主に中学・高校生を対象としたキャリアガイダンス用の本の執筆依頼という珍事が身にふりかかってきた。「教育学」に対する規範的イメージが強く、何かしら教育学、あるいは教師論の「偽善性」に距離感を持つ私には何とも異質なテーマであった。〝おもしろい教育学の先生〟に書かせるという編集方針にしたがって、私の在職した埼玉大学出身の編集者が〝おもしろい教育学の教師〟という〝噂〟を信じて、私の処にアプローチしてきたということであった。その〝おもしろさ〟は、何かしら一般的な教育学・教師論のイメージに違和感を持って、教育の営みは他者に対して間接的影響を与えるにすぎず、教育に過剰な期待することの問題性、つまりは生きている人間を規定する社会そのものの教育力を強調する歴史学・教育史ともいうべき講義をしていたのを勘違いしてのことであったと思う。

虚しさと惑いの中に居たためであろうか、この勘違いに乗り未知の世界に飛び出すのもおもしろいのではと引きうけることになる。当然のことながら教師になることの意味を若者に語る以上、まず教師の仕事の中心である教えるとは何かを考えることになる。なぜ教師は教えることが出来るのか。真理・普遍的価値の体現者であるが故か、そんなはずはない。でも教えなければならない存在だとすれば、その根拠は何に求められるのか。

「教えるとは希求し続けること」「教えるとは学ぶこと」といかにも教育（学）的な用語を使って、少々の気恥ずかしさをともないつつ書きつらねている。その背景に日本の近代教育が敗戦という事実に行きついた歴史とその反省の上に出発した現代の教育への展開、つまり旧教育基本法の理念、「真理と平和を希求する人間の育成」がリアリティを持って浮き上がってきたことは一つの事実であった。

〝わかっている〟から、教えることができるのです。しかし、ある事柄がわかったということとは、また新たな疑問の出発点にもなるのです。ですから〝わかる〟とは〝わからないこと〟

への入口でもあるといえましょう。〝わかる〟とは、その努力を続けている中でしか成立しないのです。

したがって、教えることは学ぶことだと書いている。子どもに学ぶことのできる教師（人間）こそ教えることができるのだと。そう考えた時、自らも教育学、教師論について肩の力を抜いて思考できるようになったと思う。以後、私の教育史研究も「真理と平和を希求する人間の育成」「普遍的にして個性豊かな文化の創造」という教育論（学）の視点を意識しつつ、つまりは教育学・教育史を意識していくことになったといえる。世界的なペスタロッチ学者にして、日本教育学会初代会長として、戦後教育学をリードした長田新（一八八七―一九六一）は、教育学とは教育史であるとのべている。「いかなる人間を、いかにして形成しうるのか」を課題とする教育学は、まずは歴史の事実の中にそれを求めなければならないという。今にして、その意味を理解しえたというにすぎないことだが（小笠原道雄他『日本教育学の系譜』勁草書房、二〇一四）。

希求する人間の主体性

教育思想史の視点から、日本の近代教育の課題を照射した辻本雅史の『「学び」の復権――模倣と習熟』（岩波現代文庫、二〇一二）は、学び――模倣と習熟――という文化、とりわけ儒学（漢籍）の学びの文化が持つ普遍的な教育論を解き明かし、その視点から近代の教育を論じている。学びは学習者の主体性を前提に成り立つこと、その主体性は如何にして成立するのかを貝原益軒の「天地父母に事《つか》えること」に求めている。心の自律性に善性の根拠を求められない益軒は天地父母の自然の営みにその根拠を求めることになる。それ故に自らを「矜《ホコル》」ことなく、自然に対して「謙」でなければならない。自らをむなしくして自らを律する処に主体の根拠を求めている。あるいは、儒学の経典の学びは、それを聖人の絶対的真理として神聖視するが、それをどう受けとめるかは、それは個別的であったという。私の理解につなげれば、希求する人間の主体性の根拠を何に求めるのか、あるいは普遍的にして個性豊かな文化の創造という普遍と個性の関係をどう捉えるのか、近代のそして現代の教育論に対する一つの道筋を示すものであったといえる。現代の希求する人間の主体性の根拠は、何に求められるのであろうか。経験の持つ不可知性に「謙」であることに、希求の主体性を求めざるをえないのではなかろうか。希求するという無限の連続、つまりは絶対に到達しえない「目標」にむかって、それ故に努力し、連帯することが可能となるのではなかろうか。

あとがき

ついに、「教育学」をタイトルにした本を書いてしまった。何か気恥ずかしく落ちつかない気分をどうすることもできない。

三元社の「まなざし」シリーズの一冊『教育学のまなざし』は、本来、多様な教育学にかかわる論点を整理し、多様なアプローチを示すことによって教育学の豊穣な世界を若者に描き出すことにあったといえる。しかし、そうしたセンスを持ち合わせない私は、人間形成の歴史的研究にともなう、私自身の教育論（学）的認識の「深まり」の過程を示すことによって、教育学への小さな窓を開けることになる私自身を語ることしかできなかった。私自身がそうであったように教育学に何かしら規範的な息苦しさを感じる、あるいは範たることを求められる教師論に気恥ずかしさを感じる心やさしい若者に、肩の力を抜いて教育論（学）を語りうる糸口を与えられれば、それも意味あることかと考え、『教養の教育学』としてこの本を書きすすめた。

「おもしろい教育学の教師」という編集方針を示して、埼大卒業生を私にさしむけてくれた三元社の石田さんこそ、私自身、予想だにしなかった一面を掘り出してくれた編集者である。『教師になるには』は、私にとって場違いの、しかし何となく肩の力を抜いて楽しく進めることのできた仕事であった。東京教育大学での恩師、国語教育学の大家にして戦後の国語単元学習論を主導してこられた倉澤栄吉先生のお葉書で、落ちつかない気分も確かなものへと動きはじめることになった。

前略、ご高著拝受、おん礼。おもしろくてタメになる本ですね。寝床で読むのは失礼だが、森川夫人のは起きて拝読、五十嵐と海老名のは寝てよんだ。五三〜五六頁は小生ときみと談合しているみたい。編集が手慣れているので読み易くいい本になりましたね。このごろ、やたらに、おもしろくてだめになる本が多いので、気に入りました。(一九八九年四月二日)

先生が認めて下さったのは、これが最初にして最後であったと思う。五十嵐(当時中学校教師)、海老名(当時高校教師)は大学のクラスメート、何とも先生らしいユーモアとともに力づけられたことを思いだす。先生は二〇一五年一月、満一〇三歳で他界された。透徹した論理を追究された先生は、おそらくこんなセンチなものを書いてと苦笑しておられるでしょう。『教師になるには』五三〜五六頁は、「教えるとは希求し続けること」「教えるとは学ぶこと」と、希求する人間像にかかわらせて書いた部分で、その点を認めて下さったことは、教育論(学)の展開に自信を深めることになった。とはいえ、教育学の世界は、なお遠く、その後自称近代教育史の三部作(『増補版　教育勅語への道』、『大正自由教育と経済恐慌』、『国民道徳論の道』）を三元社から出していただくことになる。

埼玉大学退職後、縁あって二〇一一年四月開学の福山市立大学に勤務し、教職科目の「教育史」「道徳教育論」とともに共通科目の「教育学」をも担当することになった。共通科目「教育学」は、一年次生を主たる対象に、教育学部生のみならず都市経営学部生も受講する科目であった。いわば教養としての「教育学」ともいうべき科目で、何を語るべきか、そもそも教育学に対する自己イメージとは何なのかを自問自答することになる。時間軸と空間軸をズラした比較教育文化史的な、私の非教育学的「教育学」を、思いの外、静かに興味深く聴いてくれたように思えた。その時、石田さんから『教育学のまなざし』を書いてみませんかとのお話をいただくことになる。絶妙のタイミングであった。

講義ノートらしきものに、学生からの反応・疑問点などを踏まえながら一冊にまとめてみることにした。しかし、文字化を試みるほどに、歴史的事実のあいまいさ、論理の飛躍、そして何よりも論（学）としての体系性の欠如に愕然とすることになる。では何故に、本にするのか、今はこれしか語れないということでしかない。

福山に来て、福山出身の英文学者福原麟太郎の随筆を読みはじめた。福原は私の学んだ東京教育大学文学部教授をも務めた高名な学者として活躍されていたが、その作品を手にすることはなかった。福山の市立中央図書館には福原麟太郎のコーナーが設けられており、つい手にして読みはじめた。福原の深い学識に裏打ちされた人間観・学問観をさらりと表現する名随筆は、深く浸みこむように私の茫々とした心に響いてきた。その彼は修士論文と題した随筆で次のようにのべている。

けれども、論文というからには、どうしても理屈、推論、引用、参照などが多くなります。（中略）

私はせっかく手提カバン一杯に書きためたカードや抜き書をすべて棄ててしまって、自分の頭の中にある骨格やイメージをできるだけ忠実に文字で書いてみようとしました。そしてその途中で、ああこのことについては、誰々がうまいことを言っていた、とか、あの学者の反対説は面白かったとか思いつきますと、その書物をあけて、そこを参照するとかする、ということにしました。このやり方で、私は長年にわたって書きとめた資料のジャングルから抜け出すことができたのでした。窮余の一策というのであったのでしょうか。しかし、私は、こういう方法を今はむしろすすめたいと思います。（『人間・世間』暮しの手帖社、一九七〇）

膨大な文献・資料を読みこむ碩学福原であるが故に、カード・抜き書を棄て、自分の頭の中に残っているもので勝負する論文こそ真の論文だという説は説得力を持つ。棄てる程のカードも抜き書も持たない私にとっては、まったく我田引水になってしまうが、「頭に残っていることだけで勝負しようという気」になって、まとめたのがこの書である。

この本の原型となる悪筆の原稿をものともせず、見事にワープロに打って下さった福山市立大学講師控室の丸山久美子さん、ありがとうございました。

二〇一五年三月

著者紹介

森川 輝紀（もりかわ・てるみち）

1945 年　兵庫県生まれ。
東京教育大学教育学研究科博士課程修了。
現在、福山市立大学教育学部教授、埼玉大学名誉教授。

［著書］
『近代天皇制と教育』（1987 年、梓出版社）、『教育勅語への道』（1990 年、三元社）、『大正自由教育と経済恐慌』（1997 年、三元社）、『国民道徳論の道』（2003 年、三元社）。『増補版　教育勅語への道』（2011 年、三元社）
［共著書］
『教育社会史』（2002 年、山川出版社）、『教育の社会文化史』（2004 年、放送大学教育振興会）、『教育の社会史』（2008 年、放送大学教育振興会）、『教育史入門』（2012 年、放送大学教育振興会）、『公共性・ナショナリズムと教育』（2014 年、日本図書センター）

教養の教育学

発行日
2015年6月20日　初版第1刷発行

著者
森川 輝紀

発行所
株式会社 三元社
〒113-0033 東京都港区赤坂2-10-16 赤坂スクエアビル
電話／03-5549-1885　FAX／03-5549-1886

印刷＋製本
シナノ印刷 株式会社

printed in Japan

ISBN978-4-88303-385-0

http://www.sangensha.co.jp

シリーズ「知のまなざし」

コミュニケーション論のまなざし

［著者］小山亘

コミュニケーション観の探究が社会全体を見る鍵となるのは、なぜか？

「コミュニケーション論のまなざし」は、個人や社会をどのように捉えようとしているのか。社会で言われていること、コミュニケーションを通して為されていることを、この「まなざし」はどのように捉えるのか。どのようにして、コミュニケーションは、単なる情報伝達ではなく、歴史、文化、社会の中で起こる出来事だということを、この「まなざし」は示していくのだろうか。

定価＝本体 1,700円＋税

2012年4月30日／B6判並製／218頁／ISBN978-4-88303-313-3

社会学のまなざし

［著者］ましこ・ひでのり

「社会」を読みとくための社会学入門

「社会学のまなざし」は、何をみようとし、何をてらしだそうとするのか。そこから、「社会」は、どのようにみえてくるのだろうか。本書は、「社会学のまなざし」の基本構造を紹介するとともに、「まなざし」が映し出すあらたな社会像を具体的に示していく。

定価＝本体 1,700円＋税

2012年3月31日／B6判並製／216頁／ISBN978-4-88303-311-9

日本語学のまなざし

［著者］安田敏朗

日本語への問い

なぜ、「ことば」へ過度の期待が持ちこまれるのか。なぜ、言語・民族・文化を不可分なものと、とらえてしまうのか。「日本言語学」のために。

定価＝本体 1,600円＋税

2012年6月20日／B6判並製／164頁／ISBN978-4-88303-314-0
